钢铁行业职业资格培训教材

# 职业指导

肖小尧　主编

中国劳动社会保障出版社

### 图书在版编目(CIP)数据

职业指导/肖小尧主编. —北京：中国劳动社会保障出版社，2016

钢铁行业职业资格培训教材

ISBN 978-7-5167-2715-7

Ⅰ.①职⋯ Ⅱ.①肖⋯ Ⅲ.①职业选择-中等专业学校-教材 Ⅳ.①G717.38

中国版本图书馆 CIP 数据核字(2016)第 217184 号

---

**中国劳动社会保障出版社出版发行**

(北京市惠新东街 1 号 邮政编码：100029)

\*

北京京华虎彩印刷有限公司印刷装订 新华书店经销

787 毫米×1092 毫米 16 开本 6.75 印张 149 千字
2016 年 9 月第 1 版 2017 年 9 月第 2 次印刷
定价：16.00 元

读者服务部电话：(010) 64929211/64921644/84626437
营销部电话：(010) 64961894
出版社网址：http://www.class.com.cn

版权专有 侵权必究

如有印装差错，请与本社联系调换：(010) 50948191
我社将与版权执法机关配合，大力打击盗印、销售和使用盗版图书活动，敬请广大读者协助举报，经查实将给予举报者奖励。
举报电话：(010) 64954652

## 教材编审委员会

**主　　任**　段宏韬
**副 主 任**　张百岐　张　毅
**委　　员**　董应全　田　玫　李云涛　廖武陵　高彦丛
　　　　　　　胡　先　刘淑文　凡明春　魏　崽　马　正
　　　　　　　王卫红　徐　颖　谢　展　齐怡萍　宗　越
　　　　　　　李　华　刘海燕

## 本书编写人员

**主　　编**　肖小尧
**编　　者**　吴春荣　毛洪蔚　郭　勇

# 编写说明

"就业是民生之本，引导劳动者转变就业观念，推动实现更高质量的就业。"如何探索出符合教学规律、契合时代特征的教学新模式，有效地培养出合格的技能型人才，这是一个需要不断创新、艰苦摸索的过程。"职业指导"课程，最主要的任务是帮助就业者树立职业理想，形成正确的职业观和职业意识，养成良好的职业态度，成就一个成功的职业生涯。

在综合以往教学实际、学员的特点和有关用人单位的建议的基础上，编者对"职业指导"课程的教学资源进行了整合，在本教材中列举了一些旨在帮助学员了解自我的测量表；增加了一些经典的教学案例；整理出一些学员关注度较高的问题，以问答的形式附在教材中。本书主要内容包括：职业概述、自我认识和职业生涯设计、求职择业准备、求职信与求职简历的写作技巧、面试礼仪、面试技巧和分析、创业教育等。

本书第一章、第二章作者为毛洪蔚，第三章、第四章作者为肖小尧，第五章、第六章作者为吴春荣，第七章作者为郭勇，肖小尧负责全书统编。由于笔者水平有限，加之时间仓促，疏漏之处敬请指正，以使其更加完善。

# 目 录

## 第一章 职业概述 ··················································································· 1
  第一节 职业 ······················································································· 1
  第二节 职业资格与职业资格证书 ······················································· 2

## 第二章 自我认识和职业生涯设计 ························································ 5
  第一节 职业个性 ··············································································· 5
  第二节 职业生涯设计 ······································································· 21

## 第三章 求职择业准备 ········································································· 25
  第一节 求职心理准备 ······································································· 25
  第二节 职业信息准备 ······································································· 31
  第三节 就业准备 ············································································· 37

## 第四章 求职信与求职简历的写作技巧 ················································ 42
  第一节 求职信撰写技巧 ···································································· 42
  第二节 个人简历的制作 ···································································· 47

## 第五章 面试礼仪——用好"通向四方的推荐信" ································ 58
  第一节 等候面试时的礼仪 ································································ 58
  第二节 面试开始时的礼仪 ································································ 59
  第三节 面试过程中的礼仪 ································································ 62
  第四节 面试结束时的礼仪 ································································ 64

## 第六章 面试技巧和分析 ······································································ 66
  第一节 面试时良好的第一印象非常重要 ··········································· 66
  第二节 洞察考官心理,有效应对面试 ··············································· 69
  第三节 结构化面试的应对技巧 ························································· 72

## 第七章 创业教育 ················································································ 82
  第一节 创业的内涵与创业教育 ························································· 83
  第二节 创业在行动 ·········································································· 85
  第三节 创业精神与创业能力 ···························································· 88
  第四节 成功创业的基本因素 ···························································· 96

## 附录 ································································································· 99

# 第一章 职业概述

## 第一节 职 业

职业和每个人都有密切的联系。一个人一生中可能从事一种或几种职业，并通过职业生涯实现在社会中的发展，实现自己的理想和价值。因此，了解职业、认识职业，对选择职业、寻求职业发展是很重要的。

下面就从了解职业开始，开启我们的职业探索之路。

### 一、职业的内涵

什么是职业？职业是人们所从事的相对稳定的、合法的、有报酬的工作。医生、警察、记者、翻译、营业员、驾驶员、理发师等都是职业的名称。

### 二、职业的特性

**1. 社会性**

职业的社会性表现在一个人从事职业活动必然要与他人发生联系，包括同事、领导、客户、供应商等。职业活动与职业活动之间同样相互联系、相互促进。建立合作意识、团体意识、组织意识，是个人融入群体的需要，也是组织发展的需要。

**2. 稳定性**

职业一旦形成，便会在一定时期内存在和发展。有些职业存在的历史十分久远，比如某些手工制作活动、农业种植活动等；有些职业存在的历史则比较短暂；而有些职业是最近形成的，如电子行业中的软件业、网络经济活动等。

职业的稳定性使人们学习掌握职业知识和技能成为可能，也使人们的职业生涯发展和规划成为可能。

**3. 多样性**

随着社会的进步，职业的数量总体上是不断增加的。职业数量的增加反映了社会分工在不断细化，反映了人们从事的劳动的多样化。具体表现见表1—1：

表1—1　　　　　　　产业层次、主要行业及典型职业

| 产业层次 | 主要行业 | 典型职业 |
| --- | --- | --- |
| 第一产业 | 农业、林业、渔业、畜牧业 | 农民、林业工人、牧民、渔民等劳动者、管理人员和专业技术人员等 |
| 第二产业 | 采矿业、制造业、水的生产和供应业、电业、燃气业、建筑业 | 经营管理人员,如经理、生产主管等;工程技术人员,如工程师、设计师等 |
| 第三产业 | 除第一产业、第二产业以外的其他行业 | 经营管理人员、营业员、律师、教师、公务员等 |

我国于1999年颁布了《中华人民共和国职业分类大典》。2015年7月29日颁布了新修订的《中华人民共和国职业分类大典》,将职业分为8个大类、75个中类、434个小类、1 481个职业。

### 4. 时代性

职业随着时代的发展而变化,新的职业不断产生,原有的职业也被赋予新的时代内容,而某些职业也将消失。如形象设计师、文化经纪人等新的职业出现,电话接线员、铅字工等职业趋于消失,原来已有的农民、教师、会计等传统职业,其劳动的科技含量也越来越高。

## 三、职业的功能

### 1. 职业对个人的功能

职业是维持个人和家庭生存的基础。人们通过职业活动可以获得经济收入,从而保证个人和家庭的生活。

职业可以促进个人多方面的发展。实践表明,职业可以培养、完善个人的兴趣、个性、特长和能力。反过来说,能够与职业相结合的个人兴趣会更持久、更深入、更有效。个人在职业活动中、在与他人的相互联系与合作中不断完善。

### 2. 职业对社会的功能

职业是社会分工的具体体现,是人们相互结合起来形成生产力、推动经济与社会进步的具体方式、途径和手段。

# 第二节　职业资格与职业资格证书

不同的职业有各自的知识和技能,对从业人员的素质也有不同的要求,职业资格证书就是这种要求的具体体现。取得职业资格证书是达到了职业基本要求的有效证明。职业教育不同于其他类型的教育,学生不仅要取得学历证书,还要取得相关的职业资格、职业技能证书，也就是我们常说的"双证书"。

## 一、职业资格的作用

### 1. 培养职业能力

初步掌握相关职业知识和技能，培养职业行为规范，为求职就业打下坚实的基础。

### 2. 形成职业兴趣

发现和稳定个人的职业兴趣，完善个人性格，使个性发展与职业生涯尽早地结合起来。为自己职业生涯的长期发展奠定良好的基础。

### 3. 提升职业竞争力

拓展中职学生的能力领域，提升个人就业的竞争能力。掌握多方面技能，取得多种证书，成为职业的多面手。

## 二、职业资格的类别

职业资格是指对准备从事某一职业的劳动者必备的学识、技术和能力的基本要求。职业资格包括从业资格和执业资格。

从业资格是指从事某一专业的学识、技术和能力的起点标准；执业资格是指政府对某些责任较大、社会通用性强、关系社会公共利益的专业实行准入制度，是依法独立开业或从事某一特定专业的学识、技术和能力的必备标准。

## 三、职业资格证书

职业资格证书是对达到职业资格规定必备学识、技术和能力的劳动者颁发的证明。职业资格证书包括从业资格证书和执业资格证书。

### 1. 从业资格证书

劳动者取得从业资格证书必须以从业资格认定为基础。从业资格的认定由政府相关主管部门组织实施，由政府批准的考核鉴定机构通过学历认定、资格审查或考试、专家评定、职业技能鉴定等方式进行。经认定和考核合格者，可取得证书。

目前常见的从业资格证书涉及推销员、美发师、服务员、导游、营业员等一百多种职业。

### 2. 执业资格证书

劳动者取得执业资格必须参加执业资格考试，合格者可取得证书。取得证书并经过注册登记者，可依法独立执业。

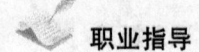 职业指导

目前我国已有几十个专业建立了执业资格认定制度并对考试合格者颁发证书,其中,只实行考试制度的包括医师、药师、中药师、教师、统计员、法律顾问、价格鉴定师、珠宝玉石质量检验师等,需要持证者注册的包括注册会计师、注册建筑师、注册律师、注册资产评估师、注册拍卖师、监理工程师等。

想一想:通过专业学习,你们可以获得哪些职业资格证书?

## 四、职业技能等级鉴定

国家职业标准属于工作标准,对从业者资格做出限定,并规定职业技能等级。

我国的职业标准一般把职业技能分为五个等级,即从一级到五级,一级为最高级别,五级为最低级别。五个等级也称为初级、中级、高级、技师、高级技师。不同的技术等级对从业者提出了不同的要求,主要包括学历和知识水平、工作年限、工作业绩、培训经历等。

劳动者参加的从业资格考试称为职业技能鉴定。职业技能鉴定由政府批准成立的职业技能鉴定机构负责组织实施。

职业技能鉴定的内容包括职业知识、操作技能、职业道德三个部分。鉴定形式一般包括知识考试、技能考核两个部分。

## 作 业 题

1. 职业的含义和特点以及功能是什么?
2. 职业资格的作用有哪些?
3. 针对你的专业,说说你可以获得哪些职业资格证书?

# 第二章　自我认识和职业生涯设计

## 第一节　职业个性

世界上没有完全相同的两个人。你了解自己的特点吗？每个人只有正确认识自己，根据自己的特点选择职业，才能在工作岗位上充分发挥特长，取得事业的成功。

一个人职业的发展一般与其兴趣、能力和性格方面的因素密切相关。既要从兴趣和性格方面了解自己，又要从能力等方面客观评价自己，扬长避短，只有不断地朝着更高的标准发展，才能成为社会所需要的优秀人才。

### 一、职业兴趣

**1. 职业兴趣的含义**

兴趣是一个人积极探究某种事物的心理倾向。兴趣是最好的老师，当一个人从事自己所感兴趣的活动或工作时，他就会为之废寝忘食，并乐在其中；他就会主动寻求、刻苦钻研，而且不知疲倦、不畏艰辛，最终成为行家能手。

兴趣是在需要的基础上，在活动的过程中形成和发展起来的，它具有倾向性、广泛性、持久性的特点。例如，当一个人喜爱艺术，他自然就会对艺术产生足够的兴趣，关心与艺术相关的各方面知识。

兴趣是最好的老师，是取得成功的关键。做任何事，只要有浓厚的兴趣，鼓足勇气去面对困难，就会收到良好的效果。正如古人所说："知之者不如好之者，好之者不如乐之者。"

许多为人类做出杰出贡献的科学家都有自己的兴趣爱好。浓厚的兴趣可以使达尔文把甲虫放进嘴里，可以使魏格纳一生中四次去格陵兰探险，使达·芬奇不顾教会的反对连续解剖许多尸体……爱因斯坦四五岁时就对指南针产生了兴趣，他长时间摆弄它，心想那小针为什么总是指着同一个方向。他还能一次又一次不厌其烦地搭积木，直到把又高又尖的"钟楼"搭好为止。正是这种强烈的兴趣和随之而来的思索、追求，使他成为近代伟大的物理学家。

难怪德国伟大作家歌德这样说："如果工作是一种乐趣，人生就是天堂。"

**2. 职业兴趣在职业活动中的作用**

（1）职业兴趣影响着职业定向和职业选择。兴趣的发展一般经历三个阶段：有趣、乐趣和志趣。从有趣开始，逐渐产生乐趣，并不断与奋斗目标相结合，发展成为志趣。

职业指导

当一个人对某种事物有兴趣时,他就会热爱、关注它,追求、洞察它的秘密,并为之竭尽全力,从而使兴趣表现出方向性和意志性的特点。在现实生活中,许多人日后的职业选择正是其早期兴趣影响的结果。

在现实生活中,有时也会出现这样的情况,由于自己的兴趣有限或种种主客观因素,以至于所选的职业未能如愿,如果是这样,也可以通过多种途径和方法,努力培养并发展自己对所学专业或所从事职业的兴趣。

(2) 职业兴趣能促进人的智力开发,最大限度地挖掘人的潜能。一个人只有对某一事物具有浓厚的兴趣,才会激发对该事物相关知识的欲望以及探索创新的热情,投入到学习和工作之中,使智力和体力进入最佳状态,从而最大限度地调动积极性、主动性和创造性,充分发挥自身的潜能,施展才华,并在此基础上促进个人乃至社会的进步和发展。

莱特兄弟孩提时期就对宇宙空间产生了浓厚的兴趣。他们常常爬到树上,踮起脚尖去摸月亮,好几次都被重重地摔了下来。他们的父亲知道后,非但没有因为两兄弟幼稚可笑的举动责怪他们,而是启发、鼓励他们。神话般的奇想和浓厚的兴趣引导兄弟俩走上了研究航空的道路,1903年,莱特兄弟驾驶着自己制造的飞机翱翔于万里碧空。从莱特兄弟的故事可以看出,兴趣是学习的动力,是成功道路上的"助跑器",是攀登科学高峰的阶梯。它会帮助我们展开丰富的联想,持之以恒地去探求。它使我们积极热情地投入,使我们最大限度地发掘创新的潜能。

(3) 职业兴趣有利于提高工作效率。职业兴趣是职业成功的动力和源泉。它可以使一个人更快地熟悉并适应职业环境和职业角色,有助于提高工作效率。研究资料表明,如果一个人对工作有兴趣,便能够发挥其全部才能的80%~90%,且能够长时间、高效率地工作而不感到疲劳;相反,如果一个人对所从事的工作不感兴趣,则在工作中只能发挥其全部才能的20%~30%,并容易产生疲劳和厌倦。此外,广泛的兴趣能够使人们善于应付多变的环境,即使工作性质有所变化,也能够很快地熟悉和适应新的工作环境。

### 3. 职业兴趣的形成

职业兴趣是在客观环境的影响下,在职业认知及专业学习和社会实践的发展过程中逐渐产生和形成的。影响职业兴趣形成的因素有以下几个方面。

(1) 家庭、学校和社会的影响。学生们来自不同的家庭,每个人的家庭条件、家庭环境、社会背景等不同,因此对学生职业兴趣的影响也各不相同。

(2) 职业认知的影响。一个人对职业的认知程度和其职业兴趣的形成有着密切的联系。一个人对专业知识掌握得越多,职业认知能力就会越高,对该职业的兴趣就越大、越强。同样,人们对某职业的兴趣越大、越强,就会更加全面和深刻地认知这一职业。因此,中职学生应培养和形成对自己感兴趣职业的认知,并通过职业认知提升自己对一些职业的兴趣,以便日后更好地从事工作。

(3) 专业学习和社会实践活动对职业兴趣形成的影响。中职学生只有通过专业学习、社会实践和毕业实习,才能强化自己对所喜欢职业的兴趣。有的人在接触某一职业前,并不喜欢这一职业,但通过职业实践亲自了解这一职业后,却对其形成了浓厚的职业兴趣，在自己原来并不感兴趣的职业岗位上一展才华，实现自己的人生价值。

### 4. 培养职业兴趣的途径和方法

人的职业兴趣不是先天就有的，而是在一定的社会生活环境中，通过一定的学习与教育，并在参加实践活动的基础上逐渐形成和发展起来的，是以社会的需要为基础的。对中职学生而言，要想使自己适应社会对人才发展的需要，适应新世纪社会经济、政治、文化发展的要求，选择自己理想的职业，并使自己能够在未来的职业岗位上有所建树，就必须从学生时代起，通过多种途径和自身的努力培养良好的职业兴趣。

(1) 通过科学测试，预测自己的职业目标。人格与职业环境的匹配是形成职业满意度与成就感的基础。学生可根据相应检测以及对专业的了解，确定符合自己兴趣爱好的专业。

(2) 学好专业知识，掌握专业技能。每个人在选定了自己感兴趣的专业以后，从某种意义上说也就确定了其毕业以后的就业方向。因此，中职学生在校期间，要认真了解、熟悉自己所学的专业，努力培养专业兴趣，建立稳定的专业思想，认真学好专业知识，熟练掌握各项专业技能，为日后进行职业选择和顺利就业创造条件。

(3) 企业实习，增加职业兴趣。组织学生到企业见习，是增加职业兴趣的有效途径。学生到企业实习是理论联系实际的一次重要机会。

(4) 培养广泛而有中心的职业兴趣，保持稳定而切实的职业兴趣。因为中心兴趣能使人专注于自己的本职工作并进行深入钻研，并容易有所发展或成就一番事业。

职业兴趣在职业活动中具有十分重要的作用，不同的职业需要不同的职业兴趣，随着社会的发展变化，对人们的职业兴趣也会提出新的要求。中职学生应根据不同时期的社会需要情况，不断调整和丰富自己的职业兴趣，以适应时代对人才的要求。

### 5. 职业兴趣测量表

说明：

(1) 心理测验的答案并无好坏优劣之分，不对个人进行任何等级评价，因此，填写答案时一定要根据自己的实际情况。

(2) 仔细阅读下面的问题，对于每项活动，如果你的回答是肯定的，则在"是"一栏中打"√"，如果你的回答是否定的，则在"否"一栏中打"×"。最后把"是"一栏的回答次数相加，填入"总计次数"的"是"一栏中。

(3) 回答"是"的总次数最高的那一组所对应的兴趣类型，就是你最感兴趣的职业，依次是比较感兴趣的职业。

第一组

(1) 你想学会使用钳子、扳手、钢锯等器具，或是学会使用工具制作工艺品、装饰品或衣服吗？　　　　　　　　　　　　　　　　　　　是（　）否（　）

(2) 你对手机、钟表、电线开关、音响设备等器具的构造和性能感兴趣吗？
　　　　　　　　　　　　　　　　　　　　　　　　　　　是（　）否（　）

(3) 你想动手制作小型的模型（如滑翔机、汽车、轮船、建筑模型）吗？

　　　　　　　　　　　　　　　　　　　　　　　　　　是（　）否（　）
(4) 你喜欢在校办工厂参加劳动吗？　　　　　　　　　是（　）否（　）
(5) 你喜欢自己动手修理自行车、音响设备等器具吗？　是（　）否（　）
(6) 你喜欢中学开设的劳动技术课吗？　　　　　　　　是（　）否（　）

第二组
(1) 你喜欢参加学校组织的各种社会服务活动吗？　　　是（　）否（　）
(2) 你喜欢在别人买东西时当顾问吗？　　　　　　　　是（　）否（　）
(3) 你喜欢接触不同类型的人吗？　　　　　　　　　　是（　）否（　）
(4) 你喜欢与人讨论各种问题吗？　　　　　　　　　　是（　）否（　）
(5) 你热衷于参加集体活动吗？　　　　　　　　　　　是（　）否（　）
(6) 你喜欢与人交往吗？　　　　　　　　　　　　　　是（　）否（　）

第三组
(1) 你喜欢处理统计数据吗？　　　　　　　　　　　　是（　）否（　）
(2) 你愿意做班级的收发工作吗？　　　　　　　　　　是（　）否（　）
(3) 你善于查对细节（如发现别人不易察觉的文字或数字错误）吗？

　　　　　　　　　　　　　　　　　　　　　　　　　　是（　）否（　）
(4) 你愿意长时间从事单调的计算、账目、表格类的工作吗？是（　）否（　）
(5) 你总喜欢把事情做得井井有条（如整理书籍、报纸、杂志、文具等），并善于做琐碎的事吗？　　　　　　　　　　　　　　　是（　）否（　）
(6) 你能细致而不厌其烦地校对长篇材料吗？　　　　　是（　）否（　）

第四组
(1) 如果学校组织地理考察小组，你会积极报名参加吗？是（　）否（　）
(2) 你喜欢搜集矿物、积累矿物方面的知识吗？　　　　是（　）否（　）
(3) 你在外出旅行中喜欢观察地形地貌吗？　　　　　　是（　）否（　）
(4) 你喜欢上地理课吗？　　　　　　　　　　　　　　是（　）否（　）
(5) 你喜欢阅读地质勘探方面的文艺作品或科普读物吗？是（　）否（　）
(6) 你希望学校组织地形测量小组吗？　　　　　　　　是（　）否（　）

第五组
(1) 你喜欢做化学实验吗？　　　　　　　　　　　　　是（　）否（　）
(2) 你想通过实验培育农作物新品种吗？　　　　　　　是（　）否（　）
(3) 你喜欢观察花卉、农作物或动物的生长变化吗？　　是（　）否（　）
(4) 你喜欢搜集植物或动物标本吗？　　　　　　　　　是（　）否（　）
(5) 你喜欢参加学校的生物小组或化学小组吗？　　　　是（　）否（　）
(6) 你喜欢饲养并精心照料小动物吗？　　　　　　　　是（　）否（　）

第六组
(1) 你喜欢倾听别人的难处并乐于帮助别人解决困难吗？是（　）否（　）
(2) 你喜欢讨论教育问题吗？　　　　　　　　　　　　是（　）否（　）
(3) 你喜欢阅读有关医生生活或教师生活方面的文章吗？是（　）否（　）

# 第二章 自我认识和职业生涯设计

（4）你想了解关于疾病的起因、治疗和病人护理方面的知识吗？

　　　　　　　　　　　　　　　　　　　　　　　　　　是（　）否（　）

（5）在日常生活中，你乐于给别人提供各种帮助吗？　　是（　）否（　）

（6）你愿意为残疾人服务吗？　　　　　　　　　　　　是（　）否（　）

### 第七组

（1）你喜欢主持班级集体活动吗？　　　　　　　　　　是（　）否（　）

（2）你喜欢接近领导和老师，又能团结同学吗？　　　　是（　）否（　）

（3）你喜欢在人多时当众发表自己的观点和意见吗？　　是（　）否（　）

（4）如果老师不在，你能主动维持班里正常的学习秩序吗？　是（　）否（　）

（5）你具有强烈的工作责任感和工作魄力吗？　　　　　是（　）否（　）

（6）你喜欢并善于担任班干部或学生会的工作吗？　　　是（　）否（　）

### 第八组

（1）你爱读文学著作中对人内心世界的细致描写吗？　　是（　）否（　）

（2）你喜欢听人们谈论他们的活动和想法吗？　　　　　是（　）否（　）

（3）你喜欢观察和研究人的心理和行为吗？　　　　　　是（　）否（　）

（4）你善于理解别人的观点和思想方法吗？　　　　　　是（　）否（　）

（5）你喜欢阅读有关领导人物、科学家等的名人传记吗？　是（　）否（　）

（6）你喜欢在日记中分析自己生活中的事件，并详细阐述自己当时的心情吗？

　　　　　　　　　　　　　　　　　　　　　　　　　　是（　）否（　）

### 第九组

（1）你喜欢参观技术展览会或收听（收看）有关技术新信息的节目吗？

　　　　　　　　　　　　　　　　　　　　　　　　　　是（　）否（　）

（2）你喜欢阅读科技杂志（如《我们爱科学》《科学画报》《科学动态》等）吗？

　　　　　　　　　　　　　　　　　　　　　　　　　　是（　）否（　）

（3）你喜欢使用精密仪器和电子仪器的工作吗？　　　　是（　）否（　）

（4）你喜欢复杂的绘图和设计工作吗？　　　　　　　　是（　）否（　）

（5）你喜欢上物理课吗？　　　　　　　　　　　　　　是（　）否（　）

（6）你喜欢阅读介绍牛顿、爱因斯坦等科学家的文章和书籍吗？

　　　　　　　　　　　　　　　　　　　　　　　　　　是（　）否（　）

### 第十组

（1）你对美术、舞蹈、戏剧、写作等活动感兴趣吗？　　是（　）否（　）

（2）你喜欢做一些需要机智和小聪明的习题吗？　　　　是（　）否（　）

（3）你很想设计一种新的发型或服装吗？　　　　　　　是（　）否（　）

（4）你喜欢绘画或欣赏画吗？　　　　　　　　　　　　是（　）否（　）

（5）你喜欢需要想象力和创造力的课外活动吗？　　　　是（　）否（　）

（6）你喜欢设计房间，并将其布置得别具一格吗？　　　是（　）否（　）

### 第十一组

（1）你羡慕机械类工程师的工作吗？　　　　　　　　　是（　）否（　）

（2）你喜欢操作机器吗？　　　　　　　　　　　　　　是（　）否（　）

(3) 你喜欢长途汽车司机的工作吗？　　　　　　　　　　　是（　）否（　）
(4) 你喜欢参观和研究新的机器设备吗？　　　　　　　　　是（　）否（　）
(5) 你喜欢了解机器的构造和工作性能吗？　　　　　　　　是（　）否（　）
(6) 你想了解海员和飞行员的生活和工作情况吗？　　　　　是（　）否（　）

**第十二组**
(1) 你喜欢做饭或编织等活动吗？　　　　　　　　　　　　是（　）否（　）
(2) 你喜欢做很快就能看到产品的工作吗？　　　　　　　　是（　）否（　）
(3) 你喜欢料理家务吗？　　　　　　　　　　　　　　　　是（　）否（　）
(4) 你喜欢做让别人看到效果的工作吗？　　　　　　　　　是（　）否（　）
(5) 你喜欢做非常具体的工作吗？　　　　　　　　　　　　是（　）否（　）
(6) 你喜欢种花或在果园里劳动吗？　　　　　　　　　　　是（　）否（　）

统计和确定你的职业兴趣类型，根据每组问题回答"是"的总次数填入下面的括号中。

每组回答"是"的总次数相应的兴趣类型编号：

第一组（　　）　　　　兴趣类型（1）
第二组（　　）　　　　兴趣类型（2）
第三组（　　）　　　　兴趣类型（3）
第四组（　　）　　　　兴趣类型（4）
第五组（　　）　　　　兴趣类型（5）
第六组（　　）　　　　兴趣类型（6）
第七组（　　）　　　　兴趣类型（7）
第八组（　　）　　　　兴趣类型（8）
第九组（　　）　　　　兴趣类型（9）
第十组（　　）　　　　兴趣类型（10）
第十一组（　　）　　　兴趣类型（11）
第十二组（　　）　　　兴趣类型（12）

每组"是"的次数越多，则相应的兴趣类型与你的兴趣更为一致。

各种兴趣类型与相应的职业：

兴趣类型（1）——喜欢与工具打交道。

这类人喜欢使用工具、器具进行劳动的职业，而不喜欢从事与人或动物打交道的职业。相应的职业如修理工、木匠、建筑工等。

兴趣类型（2）——喜欢与人接触。

这类人喜欢与他人接触的工作，他们喜欢销售、采访、传递信息等一类的活动。相应的职业如记者、营业员、邮递员、推销员等。

兴趣类型（3）——喜欢从事文字符号类工作。

这类人喜欢与文字、数字、表格等打交道的工作。相应的职业如会计、出纳、校对员、打字员、档案管理员、图书管理员等。

兴趣类型（4）——喜欢地理地质类职业。

这类人喜欢在野外工作，如地理考察、地质勘探等活动。相应的职业如勘探工、钻井工、地质勘探人员等。

兴趣类型（5）——喜欢生物、化学和农业类职业。

这类人喜欢实验性的工作。相应的职业如农技员、化验员、饲养员等。

兴趣类型（6）——喜欢从事社会福利和助人工作。

这类人乐意帮助别人，他们试图改善他人的状况，喜欢独自与人接触。相应的职业如医生、律师、教师、护士、咨询人员等。

兴趣类型（7）——喜欢行政和管理类工作。

这类人喜欢管理工作，善于做别人的思想工作，他们在各行各业中起着重要的作用。相应的职业如辅导员、行政人员等。

兴趣类型（8）——喜欢研究人的行为。

这类人喜欢谈论涉及人的主题，研究人的行为举止和心理状态。相应的职业如心理学工作者、哲学家、人类学研究者等。

兴趣类型（9）——喜欢从事科学技术类工作。

这类人喜欢科技工程类活动。相应的职业如建筑师、工程技术人员等。

兴趣类型（10）——喜欢从事具有想象力和创造性的工作。

这类人喜欢需要有想象力和创造力的工作。相应的职业如演员、作家、创作人员、设计人员等。

兴趣类型（11）——喜欢做操纵机器的技术工作。

这类人喜欢运用一定的技术操纵各种机器，制造产品或完成其他任务。相应的职业如驾驶员、飞行员、海员、机床工等。

兴趣类型（12）——喜欢从事具体的工作。

这类人喜欢制作能看得见、摸得着的产品，希望很快看到自己的劳动成果，他们从完成的产品中得到自我满足。相应的职业如厨师、园林工、农民、理发师等。

## 二、职业性格

从我们的幼年开始，每个人身上就编织了一件无形的外衣。它渗透于我们吃饭、走路以及待人接物的方式之中。这件外衣就是我们的性格。

——法国作家 让·吉罗杜

**1. 职业性格的含义**

性格是一个人在对待客观事物和社会行为方式中所表现出来的比较稳定的个性心理特性。性格一经形成就具有一定的稳定性。

职业性格是指人们在长期特定的职业生活中所形成的与职业相联系的比较稳定的心理特征。职业心理学的研究表明，不同的职业对从业者的性格要求不同。比如从事医护职业的人员，就要求其具有乐于助人、耐心正直、责任心强、冷静自信等性格。

职业性格在很大程度上影响着一个人事业的成败。如果一个人的性格与他从事的职业相适应，工作起来就会得心应手、心情舒畅，容易取得成功；相反，如果性格与职业不相适应，性格就会对工作的顺利开展起阻碍作用。

**2. 职业性格类型**

由于不同的职业之间存在差异，职业对性格的要求也多种多样。职业性格可以分为以下九类：

（1）变化型。这种性格的人喜欢在新的或意外的工作情境中工作并感到愉快，喜欢工作内容经常有些变化，在有压力的情况下工作得更出色。他们追求并且能够适应多样化的工作环境，善于将注意力从一件事情转移到另一件事情上去。

（2）重复型。这种性格的人适合并喜欢连续不断地从事同一种工作，喜欢按照一个固定的模式或别人安排好的计划工作，爱好重复的、有规则的、有标准的职业。

（3）服从型。这种性格的人喜欢配合别人或按照别人的指示去办事，不愿意自己独立做出决策并担负责任，而愿意让别人对自己的工作负责。

（4）独立型。这种性格的人喜欢计划自己的活动并指导别人的活动，在独立的、负有责任的工作中感到愉快，喜欢对将要发生的事情做出决定。

（5）协作型。这种性格的人对与人协同工作感到愉快，善于引导别人按客观规律办事，希望自己能得到同事的喜欢。

（6）劝服型。这种性格的人以通过交谈或书面文字说服别人并达到自己的目的为乐，对别人的反应具有较强的判断能力，善于影响他人的态度、观点和判断。

（7）机智型。这种性格的人能在紧张、危险的情况下很好地执行任务，自我控制能力强，工作出色，出差错时也不会惊慌，应变能力强。

（8）自我表现型。这种性格的人喜欢通过自己的工作和情感来表达自己的思想，愿意表现自己。

（9）严谨型。这种性格的人注重工作的细节，并力求精确、尽善尽美，喜欢看到自己出色完成工作后的效果。工作严格、努力、自觉、认真，保质保量是他们的工作特点。

在现实生活中，单一性格类型的人比较少见，大多数人都兼有多种性格类型，只是有的性格类型占主导地位、有的占次要地位而已。

**3. 职业性格的形成**

（1）职业环境影响职业性格的形成与发展。职业环境制约着一个人的职业性格，职业性格的特征反映着一个人对现实职业的态度，而职业态度与其职业关系密切相关。在共同工作的过程中，人们逐渐学会或形成对工作单位、部门、同事、工作以及对其他事物的态度。职业群体内部的状况及其与其他职业群体的关系，都对从业者的各种职业态度的形成产生了重大影响。

（2）职业实践活动影响职业性格的形成与发展。人们通过从事一定职业环境中的职业活动影响着自身职业性格的形成。随着不同阶段所从事的职业不同，其中某一种职业活动对职业性格的影响可能会起到主导作用。职业活动对人们的职业性格特征的形成具有决定性的作用，中职学生在校期间积极参加学校组织的各种活动和社会实践，有助于良好职业性格的培养。

（3）自我培养影响着职业性格的形成与发展。中职生随着对职业了解的加深、职业意识的增强，在日常的学习过程中，应自觉地分析自己的性格，努力克服自身的各种缺点，逐步形成符合职业要求的性格。

职业性格是在学习和职业活动中逐渐形成的。也就是说，从业者的职业性格可以在职业学习和活动中进行调适和培养。性格培养是一个长期的过程，职业性格可以调适，但要改变或培养某种职业性格需要有认真的态度与正确的方法。

**4. 职业性格培养的途径和方法**

从业者的职业性格是逐渐形成和发展的，中职生正处于调适个人性格、逐渐养成和发展职业性格的重要时期，应努力培养自己的职业性格，以适应新时期职业的要求。

（1）树立正确的职业观。中职学生必须树立正确的职业观。既要自觉地发扬、巩固那些与职业要求相符的性格特征，也要自觉调适、完善那些与职业要求不一致的性格特征，最终使自己的职业性格与职业要求达到有机的统一。

（2）学习榜样，陶冶情操。先进的榜样、美好的行为会使人受到教育和启迪，使心灵得到净化，精神得到鼓舞。在职业性格的培养方面有两类可以借鉴的榜样：一是从事与所学专业对应职业群的成功者，要了解他们具有哪些与职业要求相符的性格特点；二是原有性格与现在所从事职业不相符的成功者，要了解他们调适自己性格的动力所在，以及调适的方法和措施。这两类榜样为陶冶性情提供了良好的方法和目标。

（3）严格要求，提高素养。俗话说："金无足赤，人无完人。"成功者之所以能成功，一个主要原因就是他们能正确认识自己，知道自身的缺点和长处，并能严格要求自己，不断提高自身的修养。

（4）积极实践，加强磨炼。良好职业性格的形成离不开积极的职业实践活动，不同的职业性格是适应工作需要、在职业活动中造就的。中职学生应在专业课的学习中、在社会实践以及校园生活中抓住一切可以利用的机会，了解所学的专业，了解所学专业相关职业群对从业者职业性格的要求，不断调适和完善自己的职业性格，提高对所学专业的适应能力，为将来就业做好充分的准备。

**5. 职业性格测量表**

说明：

（1）仔细阅读下面的每一个问题，如果符合你的情况，就在"是"一栏中打"√"，如果不符合你的情况，就在"否"一栏中打"×"。最后分别把各栏次数相加，填入总计次数栏中。

（2）填好本测验后的统计栏，选择"是"的次数越多，相应的职业性格类型越接近你的性格特点；选择"否"的次数越多，则相应的职业性格类型越不符合你的性格特点。

根据自己的实际情况，对下面的问题做出回答。

第一组

（1）喜欢内容经常变化的活动或工作情境。　　　　　是（　）否（　）
（2）喜欢参加新颖的活动。　　　　　　　　　　　　是（　）否（　）
（3）喜欢提出新的活动并付诸行动。　　　　　　　　是（　）否（　）
（4）不喜欢预先对活动或工作做出明确而细致的计划。是（　）否（　）

(5) 讨厌那种需要耐心、细致的工作。　　　　　　　　　是（　）否（　）
(6) 能够很快地适应新的环境。　　　　　　　　　　　　是（　）否（　）

第二组
(1) 当注意力集中于一件事时，别的事情很难使自己分心。　是（　）否（　）
(2) 在做事时，不喜欢受到意外的干扰。　　　　　　　　是（　）否（　）
(3) 生活有规律，很少违反休息制度。　　　　　　　　　是（　）否（　）
(4) 按照一个设计好的工作模式来做事。　　　　　　　　是（　）否（　）
(5) 能够长时间做枯燥、单调的工作。　　　　　　　　　是（　）否（　）
(6) 喜欢做有条理的重复性的事情。　　　　　　　　　　是（　）否（　）

第三组
(1) 喜欢按别人的指示办事，自己不需要负责任。　　　　是（　）否（　）
(2) 在按别人的指示做事时，自己不考虑为什么要做此事，完成任务就行。
　　　　　　　　　　　　　　　　　　　　　　　　　是（　）否（　）
(3) 喜欢让别人来检查自己的工作。　　　　　　　　　　是（　）否（　）
(4) 在工作上听从指挥，不喜欢自己做出决定。　　　　　是（　）否（　）
(5) 工作时喜欢别人把任务和要求讲得明确而细致。　　　是（　）否（　）
(6) 喜欢一丝不苟地按计划做事，直至得到一个圆满的结果。是（　）否（　）

第四组
(1) 喜欢对自己的工作独立做出计划。　　　　　　　　　是（　）否（　）
(2) 能处理和安排突然发生的事情。　　　　　　　　　　是（　）否（　）
(3) 能对将要发生的事情负起责任。　　　　　　　　　　是（　）否（　）
(4) 善于在紧急情况下果断地做出决定。　　　　　　　　是（　）否（　）
(5) 善于动脑筋、出主意、想办法。　　　　　　　　　　是（　）否（　）
(6) 通常情况下对学习、活动有自信心。　　　　　　　　是（　）否（　）

第五组
(1) 喜欢与新朋友相识和一起工作。　　　　　　　　　　是（　）否（　）
(2) 喜欢在几乎没有个人秘密的场所工作。　　　　　　　是（　）否（　）
(3) 试图忠实于别人，友好地与人相处。　　　　　　　　是（　）否（　）
(4) 喜欢花大量的时间来帮助别人。　　　　　　　　　　是（　）否（　）
(5) 喜欢与人互通信息、交流思想。　　　　　　　　　　是（　）否（　）
(6) 喜欢参加集体活动，努力完成所分担的任务。　　　　是（　）否（　）

第六组
(1) 理解问题总比别人快。　　　　　　　　　　　　　　是（　）否（　）
(2) 试图使别人相信自己的观点。　　　　　　　　　　　是（　）否（　）
(3) 善于使别人按自己的想法做事。　　　　　　　　　　是（　）否（　）
(4) 喜欢通过谈话或书信来说服别人。　　　　　　　　　是（　）否（　）
(5) 试图让一些自信心差的人振作起来。　　　　　　　　是（　）否（　）
(6) 喜欢在一场争论中获胜。　　　　　　　　　　　　　是（　）否（　）

第七组

(1) 你能做到临危不惧吗？ 是（ ）否（ ）
(2) 你能做到临场不慌吗？ 是（ ）否（ ）
(3) 你能做到知难而进吗？ 是（ ）否（ ）
(4) 你能冷静地处理突然发生的事情吗？ 是（ ）否（ ）
(5) 如果发生偶然事故将摧毁机器或伤害他人时，你能果断地采取措施避免严重后果吗？ 是（ ）否（ ）
(6) 你是一个机智灵活、反应敏捷的人吗？ 是（ ）否（ ）

第八组

(1) 喜欢表达自己的观点和感情。 是（ ）否（ ）
(2) 做一件事情时，很少考虑它的利弊得失。 是（ ）否（ ）
(3) 喜欢讨论对一部电影或一本书的感想。 是（ ）否（ ）
(4) 在陌生场合不感到拘谨和紧张。 是（ ）否（ ）
(5) 相信自己的判断，而不喜欢模仿别人。 是（ ）否（ ）
(6) 很喜欢参加学校的各种活动。 是（ ）否（ ）

第九组

(1) 工作细致而努力，试图将事情完成得尽善尽美。 是（ ）否（ ）
(2) 对学习和工作抱着认真严谨、始终如一的态度。 是（ ）否（ ）
(3) 喜欢花很长时间集中于一件事情的细小问题上。 是（ ）否（ ）
(4) 善于观察事物的细节。 是（ ）否（ ）
(5) 无论填什么表格都非常认真。 是（ ）否（ ）
(6) 做事力求稳妥，不做无把握的事。 是（ ）否（ ）

统计和确定你的职业性格类型，根据每组测试回答的"是"和"否"的总次数，填入下面的括号中。

每组 "是"（次数）"否"（次数）相应的职业性格：
第一组（ ） （ ） 变化型
第二组（ ） （ ） 重复型
第三组（ ） （ ） 服从型
第四组（ ） （ ） 独立型
第五组（ ） （ ） 协作型
第六组（ ） （ ） 劝服型
第七组（ ） （ ） 机智型
第八组（ ） （ ） 自我表现型
第九组（ ） （ ） 严谨型

职业性格类型及相应的职业：

(1) 变化型。相应的职业如记者、推销员、演员等。
(2) 重复型。相应的职业如纺织工、印刷工、装配工、电影放映员、机床工等。
(3) 服从型。相应的职业如秘书、办公室职员、翻译人员、打字员等。
(4) 独立型。相应的职业如管理人员、律师、警察、督察人员、厂长、经理、医

(5) 协作型。相应的职业如社会工作者、咨询人员等。

(6) 劝服型。相应的职业如辅导员、行政人员、宣传工作者、作家等。

(7) 机智型。相应的职业如驾驶员、飞行员、公安人员、消防员、救生员、潜水员等。

(8) 自我表现型。相应的职业如诗人、音乐家、画家等。

(9) 严谨型。相应的职业如会计、记账员、出纳员、统计员、档案管理员、打字员等。

## 三、职业能力

### 1. 职业能力的含义

能力是指直接影响人们工作效率，保证人们顺利完成某种工作所必需的个性心理特征。能力与人的活动分不开，人的能力在工作、学习等活动中形成、发展并且在工作学习中表现出来，如学习能力、交流合作能力、竞争能力、组织能力等；同时，从事某种工作又必须以具备一定的能力为前提条件，能力的强弱决定工作效率的高低。按照不同的标准，能力可分为一般能力和特殊能力、模仿能力和创造能力、优势能力和非优势能力等。

职业能力是在学习活动和职业活动中发展起来的、直接影响职业活动效率、使职业活动得以顺利完成的个性心理特征。它表现在相应的职业活动中。从事同一职业的人，在其他条件相同的情况下，会因职业兴趣、职业性格的不同，职业能力有所差异，这直接影响其工作效率和成就水平。所以，职业能力是职业成功的基本条件。

### 2. 职业能力的形成

(1) 通过自身努力，在长期的职业实践中不断提高职业能力。一方面要积极参与各种实验教学活动，通过亲身实践，加深对书本理论知识的理解和掌握，积累一定的感性经验并使之升华，进而指导自己的职业活动；另一方面要积极参与见习和生产实习，掌握各学科的基本操作技能，在见习和生产实习期间，虚心向前辈学习，这对职业能力的提高可起到事半功倍的效果。

(2) 珍惜在校时光，努力学习文化和专业知识，增强科技意识，加强专业技能训练，自觉提高职业能力。学习文化和专业知识的过程是提高中职学生职业能力的基础途径。在学习过程中，既要注重知识的积累，还要加强综合运用知识能力的培养，既要"学会"还要"会学"。科技意识是现代劳动者必备的意识。随着社会经济的发展，职业能力中的科技含量不断增加，只有树立较强的科技意识，才能使自己的职业能力符合时代发展的要求。专业技能训练不仅有利于强化特殊职业能力，也有利于一般职业能力的形成。

(3) 努力挖掘潜能，强化自身的职业能力。潜能是指存在于身心深处，未被自己或他人觉察，也未得到开发和利用的能力。每个人都蕴藏着不同的潜能。如果能有意识地培养自己的职业兴趣,增强自信心,尝试一些未曾做过但有益于专业发展的事情,就有可能挖掘出自身的潜能。这样,既有利于拓宽自己的职业适应面,也有利于自身职业生涯的发展。因此,每个人都要重视挖掘自身的潜能,一旦发现自己可能具有某种潜能,就一定要有意识地加以培养。

### 3. 职业能力测量表

说明:

(1) 职业能力测验用"五级量表"强1、较强2、一般3、较弱4、弱5表示。如果评定等级是小数,则表示在两级之间,例如某甲的第一级评定等级为2.66,则说明他的语言能力高于一般水平而低于较强水平。

(2) 先将每组各题在符合自己情况的等级括号内打"√",算出各自等级累计次数,再乘以各自的参数,然后把六项数值加起来除以6,就得到一组评定等级分数。

根据自己的实际情况,对下面的每一组活动做出评价。

第一组　　　　　　　　　　　　　强1　较强2　一般3　较弱4　弱5
(1) 善于表达自己的观点。　　　　( )　( )　( )　( )　( )
(2) 阅读速度快,并能抓住中心内容。
　　　　　　　　　　　　　　　　( )　( )　( )　( )　( )
(3) 能清楚地向别人解释难懂的概念。
　　　　　　　　　　　　　　　　( )　( )　( )　( )　( )
(4) 对课文的字、词、段落和篇章的理解、分析和综合的能力。
　　　　　　　　　　　　　　　　( )　( )　( )　( )　( )
(5) 掌握词汇量的程度。　　　　　( )　( )　( )　( )　( )
(6) 语文成绩。　　　　　　　　　( )　( )　( )　( )　( )
各等级次数累计　　　　　　　　　( )　( )　( )　( )　( )
　　　　　　　　　　　　　　　　×1　×2　×3　×4　×5
总计 = ( ) + ( ) + ( ) + ( ) + ( ) = ( )
总计次数 ( ) ÷6 = 评定等级 ( )

第二组　　　　　　　　　　　　　强1　较强2　一般3　较弱4　弱5
(1) 做出精确的测量(如测量长、宽、高等)。
　　　　　　　　　　　　　　　　( )　( )　( )　( )　( )
(2) 解算术应用题。　　　　　　　( )　( )　( )　( )　( )
(3) 笔算能力。　　　　　　　　　( )　( )　( )　( )　( )
(4) 心算能力。　　　　　　　　　( )　( )　( )　( )　( )
(5) 使用工具(如计算器、算盘等)的计算能力。
　　　　　　　　　　　　　　　　( )　( )　( )　( )　( )
(6) 数学成绩。　　　　　　　　　( )　( )　( )　( )　( )
各等级次数累计　　　　　　　　　( )　( )　( )　( )　( )
　　　　　　　　　　　　　　　　×1　×2　×3　×4　×5
总计 = ( ) + ( ) + ( ) + ( ) + ( ) = ( )
总计次数 ( ) ÷6 = 评定等级 ( )

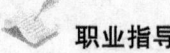
职业指导

| 第三组 | 强1 | 较强2 | 一般3 | 较弱4 | 弱5 |
|---|---|---|---|---|---|
| (1) 美术课素描画的水平。 | ( ) | ( ) | ( ) | ( ) | ( ) |
| (2) 画三维的立体图形。 | ( ) | ( ) | ( ) | ( ) | ( ) |
| (3) 看几何图形的立体感。 | ( ) | ( ) | ( ) | ( ) | ( ) |
| (4) 想象盒子展开后的平面形状。 | ( ) | ( ) | ( ) | ( ) | ( ) |
| (5) 想象三维和三维的物体。 | ( ) | ( ) | ( ) | ( ) | ( ) |
| (6) 玩拼板游戏。 | ( ) | ( ) | ( ) | ( ) | ( ) |
| 各等级次数累计 | ( ) | ( ) | ( ) | ( ) | ( ) |
| | ×1 | ×2 | ×3 | ×4 | ×5 |

总计 = ( ) + ( ) + ( ) + ( ) + ( ) = ( )

总计次数( ) ÷6 = 评定等级( )

| 第四组 | 强1 | 较强2 | 一般3 | 较弱4 | 弱5 |
|---|---|---|---|---|---|
| (1) 发现相似图形中的细微差异。 | ( ) | ( ) | ( ) | ( ) | ( ) |
| (2) 识别物体的形状差异。 | | | | | |
| (3) 注意到多数人所忽视的物体的细节部分。 | ( ) | ( ) | ( ) | ( ) | ( ) |
| (4) 检查物体的细节。 | | | | | |
| (5) 观察图案是否正确。 | | | | | |
| (6) 善于找出数学作业中的细小错误。 | ( ) | ( ) | ( ) | ( ) | ( ) |
| 各等级次数累计 | ( ) | ( ) | ( ) | ( ) | ( ) |
| | ×1 | ×2 | ×3 | ×4 | ×5 |

总计 = ( ) + ( ) + ( ) + ( ) + ( ) = ( )

总计次数( ) ÷6 = 评定等级( )

| 第五组 | 强1 | 较强2 | 一般3 | 较弱4 | 弱5 |
|---|---|---|---|---|---|
| (1) 快速而正确地抄写资料(如姓名、日期、电话号码等)。 | ( ) | ( ) | ( ) | ( ) | ( ) |
| (2) 发现错别字。 | | | | | |
| (3) 发现计算错误。 | | | | | |
| (4) 发现图表中的细小错误。 | | | | | |
| (5) 在图书馆很快地查找到编码卡片。 | ( ) | ( ) | ( ) | ( ) | ( ) |
| (6) 自我控制能力(如较长时间抄写资料)。 | ( ) | ( ) | ( ) | ( ) | ( ) |
| 各等级次数累计 | ( ) | ( ) | ( ) | ( ) | ( ) |
| | ×1 | ×2 | ×3 | ×4 | ×5 |

总计 = ( ) + ( ) + ( ) + ( ) + ( ) = ( )

总计次数( ) ÷6 = 评定等级( )

| 第六组 | 强1 | 较强2 | 一般3 | 较弱4 | 弱5 |
|---|---|---|---|---|---|
| (1) 劳动技术课做操纵机器一类的活动。 | ( ) | ( ) | ( ) | ( ) | ( ) |

(2) 玩电子游戏或瞄准打靶。　　（　）　（　）　（　）　（　）　（　）
(3) 在体操、广播操一类活动中身体的协调性和灵活性。
　　　　　　　　　　　　　　　（　）　（　）　（　）　（　）　（　）
(4) 打球（篮球、乒乓球等）的姿势与水平。
　　　　　　　　　　　　　　　（　）　（　）　（　）　（　）　（　）
(5) 打字比赛。　　　　　　　　（　）　（　）　（　）　（　）　（　）
(6) 体育课走平衡木的水平。　　（　）　（　）　（　）　（　）　（　）
各等级次数累计　　　　　　　　（　）　（　）　（　）　（　）　（　）
　　　　　　　　　　　　　　　　×1　　×2　　×3　　×4　　×5
总计＝（　）＋（　）＋（　）＋（　）＋（　）＝（　）
总计次数（　）÷6＝评定等级（　）

第七组　　　　　　　　　　　　强1　　较强2　　一般3　　较弱4　　弱5
(1) 灵巧地使用手工工具（如榔头、锤子等）。
　　　　　　　　　　　　　　　（　）　（　）　（　）　（　）　（　）
(2) 灵巧地使用很小的工具（如缝衣针等）。
　　　　　　　　　　　　　　　（　）　（　）　（　）　（　）　（　）
(3) 弹乐器时手指的灵活度。　　（　）　（　）　（　）　（　）　（　）
(4) 动手做一件小手工作品。　　（　）　（　）　（　）　（　）　（　）
(5) 很快地削水果（如苹果、梨等）。（　）　（　）　（　）　（　）　（　）
(6) 修理、装配、拆卸、缝补一类活动。
　　　　　　　　　　　　　　　（　）　（　）　（　）　（　）　（　）
各等级次数累计　　　　　　　　（　）　（　）　（　）　（　）　（　）
　　　　　　　　　　　　　　　　×1　　×2　　×3　　×4　　×5
总计＝（　）＋（　）＋（　）＋（　）＋（　）＝（　）
总计次数（　）÷6＝评定等级（　）

第八组　　　　　　　　　　　　强1　　较强2　　一般3　　较弱4　　弱5
(1) 善于在陌生的场合发表自己的意见。
　　　　　　　　　　　　　　　（　）　（　）　（　）　（　）　（　）
(2) 喜欢去新场所并结交新朋友。（　）　（　）　（　）　（　）　（　）
(3) 口头表达能力。　　　　　　（　）　（　）　（　）　（　）　（　）
(4) 善于与人友好交往并协同工作。（　）　（　）　（　）　（　）　（　）
(5) 善于帮助别人。　　　　　　（　）　（　）　（　）　（　）　（　）
(6) 擅长做别人的思想工作。　　（　）　（　）　（　）　（　）　（　）
各等级次数累计　　　　　　　　（　）　（　）　（　）　（　）　（　）
　　　　　　　　　　　　　　　　×1　　×2　　×3　　×4　　×5
总计＝（　）＋（　）＋（　）＋（　）＋（　）＝（　）
总计次数（　）÷6＝评定等级（　）

第九组　　　　　　　　　　　　强1　　较强2　　一般3　　较弱4　　弱5
(1) 善于组织班级集体活动。　　（　）　（　）　（　）　（　）　（　）
(2) 在集体活动或学习中经常关心他人的情况。
　　　　　　　　　　　　　　　（　）　（　）　（　）　（　）　（　）

(3) 在日常生活中能动脑筋，想出别人想不到的好方法。
　　　　　　　　　　　　　　　　（　）（　）（　）（　）（　）
(4) 冷静果断地处理突然发生的事情。（　）（　）（　）（　）（　）
(5) 在你曾做过的班级工作中，你认为自己的工作能力属于哪一水平。
　　　　　　　　　　　　　　　　（　）（　）（　）（　）（　）
(6) 善于解决同学之间的矛盾。　　（　）（　）（　）（　）（　）
各等级次数累计　　　　　　　　　（　）（　）（　）（　）（　）
　　　　　　　　　　　　　　　　×1　×2　×3　×4　×5
总计 =（　）+（　）+（　）+（　）+（　）=（　）
总计次数（　）÷6 = 评定等级（　）

统计和确定你的职业能力类型，把每一组的评定等级填入下面的括号中。

每组评定等级　　　　相应的职业能力名称：
第一组（　）　　　　言语能力
第二组（　）　　　　数理能力
第三组（　）　　　　空间判断能力
第四组（　）　　　　察觉细节能力
第五组（　）　　　　书写能力
第六组（　）　　　　运动协调能力
第七组（　）　　　　动手能力
第八组（　）　　　　社会交往能力
第九组（　）　　　　组织管理能力

各种职业能力的类型、特点与职业：

(1) 言语能力。是指对问题及其含义的理解和使用能力，对词、句子、段落、篇章的理解能力，以及善于清楚而准确地表达自己的思想和向别人介绍信息的能力。它包括语言文字的理解能力和口头表达能力，不同的职业对言语能力的要求亦不同。例如，服务员、护士、导游、教师等，必须具备较强的言语能力，而对于机械师、技工、司机等，具备一般的言语表达能力即可。

(2) 数理能力。是指迅速而准确地进行运算的能力。大部分职业都要求从业者具有一定的运算能力，但不同的职业对运算能力要求的程度有所不同。例如，对于商业工作者、银行职员、会计、统计、药剂师等职业来说，从业者必须具有较强的计算能力；对于律师、历史研究工作者、护士、公司经理等职业来说，要求从业者应具备中等水平的计算能力；而对于演员、厨师、矿工、打字员等职业来说，则对从业者的计算能力要求不高。

(3) 空间判断能力。是指能看懂几何图形，识别物体在空间运动中的联系，解决几何问题的能力。一般来说，平面几何及立体几何学得好，空间判断能力就比较强。对于与图纸、工程、建筑等打交道的工作，以及牙科医生、内外科医生等职业，空间判断能力要求很高；对于裁缝、电工、木工、无线电修理工、机床工来说，也要具有一定的空间判断能力才能胜任；而对会计、出纳、服务员、经济学研究者，其空间能力要求就较低。

第二章　自我认识和职业生涯设计

(4) 察觉细节能力。是对物体或图像有关细节的知觉能力。如对于图形条的明暗、线条的宽度与长度做出视觉的区别和比较，能看出其细微的差异。对于建筑师、测量员、制图员、农业技术员、动植物技术员、医生、药剂师、画家、无线电修理工来说，需要较强的形态知觉。

(5) 书写能力。是指对言语或表格式材料等细节的知觉能力。如发现错字或正确地校对数字的能力等。从事设计、经济、记账、出纳、办公室职员、打字等工作，都必须具有一定的书写能力。

(6) 运动协调能力。是指眼手准确、迅速和协调地做出精确的动作的运动反应能力。对于驾驶员、飞行员、计算机操作员、牙科医生、外科医生、雕刻家、运动员、舞蹈演员来说，这种能力显得尤其重要，而对于文字工作者来说则无所谓。

(7) 动手能力。是指手指迅速、准确、和谐地操作小物体的能力。纺织工、打字员、裁缝、外科医生、护士、雕刻家、画家、音乐家等，其手指必须较一般人灵活，而对政治家、文学家、门卫、清洁工等，则不一定需要手指能灵活地活动。

(8) 社会交往能力。是指善于进行人与人之间的相互交往、相互联系、相互帮助、相互作用和影响，从而协同工作或建立良好的人际关系。客房服务员、餐厅服务员、导游、营销员、公关人员、记者、社会活动家等职业，要求有较强的社会交往能力。

(9) 组织管理能力。是指擅长组织和安排各种活动以及协调活动中人际关系的能力。公司经理、办公室人员、行政人员、各行业各层次的领导管理者等，都需要较强的组织管理能力。

# 第二节　职业生涯设计

谚云：世上无难事，只怕有心人。有心之人，即立志之坚者也，志坚则不畏事之不成。

——任弼时

人的生命只有一次，我们应该经常问问自己：我到底想做什么？我喜欢做什么？我能做什么？职业生涯完全可以由自己设计，完美的职业生涯将会铸就我们美好的未来。

## 一、职业生涯设计的内容及意义

职业生涯是指人的一生中与工作相联系的一切行为与活动，及与此相关的人生态度、价值观、愿望等具有连续性经历的过程，它包括人的过去、现在和未来。

职业生涯设计，又叫职业生涯规划，是指人们依据社会经济发展需要，有目的地对自己的知识、技能、兴趣、动机和其他特点进行测定、分析、总结研究，在此基础上，确定自己一生最佳的职业奋斗目标，并为实现这一目标做出具体行动计划的过程。

职业生涯设计是一个人一生职业发展道路的设想和规划，它包括如何在一个职业领域中得到发展，打算取得什么样的成就等问题。合理设计自己的职业生涯是迈向成功的第一步。

**1. 职业生涯设计的内容**

设计一个成功的职业生涯规划，应把握四个方面：

（1）分析自身条件。这是确定目标的重要依据，只有知己知彼才能无往而不胜。既要了解"现在的我"，包括个性在内的各方面自身条件，还要预测"明天的我"，即在现有的基础上，通过努力预计可能达到的目标。这是确定职业生涯目标的依据，也是制定实现目标的具体措施和安排的基础。如知识不够可以通过勤奋学习来补充，技能较差可以通过刻苦训练来提高。此外，还要分析自己所处的环境和变化趋势，及自身条件与职业需求的差距。个人的家庭条件及所在地区的就业环境，往往制约职业理想的实现。地区差异有时使人们有不同的发展机遇，分析自己所处的环境和变化趋势，是确定目标的重要内容。在确定目标以前，还应预先划定与自己所学专业对应的一个甚至几个相关的职业群，了解这些职业对从业者的要求，如职业资格标准、行业职业道德规范等，并且分析自身条件与职业需求的差距，做到有的放矢。

（2）确定职业目标。目标是方向，是动力。职业目标既可以是方向、范围，还可以是十分具体的职业。职业目标往往还需要随着主客观条件的变化做出适当调整。个人要从两个方面来确定自己的职业目标，一方面是"现在的我"和"明天的我"，这是知己；另一方面是从客观上看社会经济发展实际需要和个人所处的就业环境，从微观上看职业对从业者素质的要求，这是知彼。只有知己知彼，才能百战百胜。忽略了任何一个方面，都会影响目标的正确选择。

（3）规划发展阶段。职业理想的实现，既需要有远期的目标，也需要有近期的具体目标。职业理想是通过一个个具体的阶段目标分步实现的。有无具体的阶段目标是职业生涯设计优劣的重要标志。

阶段目标是能够达到的具体目标，它具备三个特点：一是经过努力拼搏才能达到；二是不能脱离自身条件和社会现实；三是十分具体，能让自己确认这个职业到底需要从业者具备什么样的素质，需要采取什么措施才能弥补自身条件与职业素质的差距，需要做出哪些具体的努力。各阶段目标之间是梯形的关系，前者是基础，后者是前者的方向，所有的阶段目标都指向远期目标。阶段目标是实现职业理想的重要保证。

（4）制定实现措施。目标要变成现实，需要实实在在的努力。这就需要围绕目标的实现，制定具体措施和时间安排，这是职业生涯设计的重要内容。时间安排包括什么时候达到这个目标和什么时间落实达到目标所采取的各项措施。

**2. 职业生涯设计的意义**

（1）职业生涯设计有利于实现职业理想，是个人成才的有效办法。职业生涯设计主要由两部分构成，即目标的确定与分解和实现目标的措施及安排。成功的职业生涯设计，使人们有了明确具体的奋斗目标，也就有了方向和动力，而具体的措施使人们加强了自我控制力,这些都为职业理想的实现创造了必要条件。同时,职业生涯设计通过对自己职业生涯主客观因素的分析、总结和测定,可以发现自身所具有的优点、缺点和潜质,在此基础上通过学习和实践,充分发挥个人的长处,努力克服弱点,挖掘自身潜力,成为有用人才。

(2)职业生涯设计有利于使人重新认识自身的价值并使其增值。职业生涯设计是在对一个人所具有的职业素养进行全方位评价的基础上完成的,因而具有科学的理论指导依据。它可以帮助人们准确地评价自己的特点和优势,评估个人目标和现状的差距,从而发现自己的潜能,发现新的职业机遇,增强本身的职业竞争力,进而突破现有的生活格局,塑造全新充实的自我。

(3)职业生涯设计有利于指导学生在校学习。职业理想的实现要靠踏踏实实、坚持不懈的努力。中等职业学校是中职学生即将开始的职业生涯的起跑线,在校努力学习是学生职业生涯成功的基础。只有珍惜今天,才会拥有一个美好的明天。

职业生涯设计为学生指明了目标,提出了具体措施,做出了周密的安排。它能帮助学生学会控制自己,经常提醒自己珍惜今天,不断地激励自己,为实现职业理想而努力。

## 二、职业生涯设计示例

下面是广东省某中职院校学生王涛的职业生涯设计案例。在这份职业生涯设计规划中,我们可以了解王涛打算如何度过自己的中职学习生涯并最终实现自己的人生价值。

我的职业生涯规划

### 1. 认识自我

我从小生活在一个比较富裕的家庭中,父亲开办了一家有十余名工人的私营企业,受父亲影响,我对企业的经营管理具有浓厚的兴趣。

特有的生活环境及父亲的影响塑造了我不服输的性格——不轻易服人,也决不盲从,而是有自己独到的看法,并且敢于大胆地表现自己。

我最大的缺点就是粗心大意,做事缺乏足够的耐性。

### 2. 我的目标

成功要靠目标来领航,如果没有一个明确的目标,就会随波逐流。人的生命是有限的,要使有限的生命更有意义,就必须具有明确的目标。沿着正确的方向和道路前进,是一个人取得成功的重要因素。我根据自身的条件和所处环境,确定了以下几个目标。

第一阶段目标:充实锻炼自己。
第二阶段目标:考上理想高职。
第三阶段目标:扩大企业规模。

### 3. 措施及安排

（1）2003年7月—2004年7月：提高学习成绩。

措施：提高文化课中比较薄弱的科目——数学、物理成绩。在专业课上，努力做到不能有半点松懈并且要注重实践，牢固掌握所学知识。

（2）2004年7月—2005年7月：争取学习成绩保持在前10名，为实现第二阶段目标打好基础。

措施：加强专业课及文化课的学习。

（3）2005年7月—2006年7月：考上一所理想的高职院校。

措施：充分复习每门功课，查缺补漏。

（4）2006年7月—2009年7月：在高职院校学习期间，把自己塑造成为一名符合社会需要的高技能人才。

措施：充分利用学校条件，学好本专业知识，利用课余时间学习企业营销知识，搜集成功企业的案例，为经营家族企业做好准备。

（5）2009年—2014年：到家族企业就业，结合所学知识与实践经验，提高企业的整体水平。

措施：深入企业的各个部门，找出企业自身的优势与不足，为企业的进一步发展注入活力。

（6）2014年—2017年：把家族企业规模扩大，转移当地农村剩余劳动力，提高当地的经济发展水平。

措施：投入资金及设备扩大企业规模，充分利用掌握电脑技能的优势，通过在互联网上发布信息，扩大企业的知名度。

职业生涯是人生重要的阶段，是个人的需要，也是国家和社会的需要，而成功的职业生涯只属于有准备的人。相信通过我的勤奋努力，我会在通往成功的路上越走越远。

## 作 业 题

1. 职业兴趣的作用及培养途径是什么？
2. 简述职业性格的形成及培养途径。
3. 分析自己的职业能力，谈谈如何扬长避短。
4. 职业生涯设计的内容有哪些？
5. 设计一份职业生涯规划。

# 第三章　求职择业准备

求职，就是寻求自己称心如意的工作，寻求自己美好的未来。其成功与否，不仅与我们的生活质量有关，更与我们的理想追求相关。职场犹如战场，求职是一场看不见硝烟战火的打拼。"不打无准备之仗"，每一位想赢得最后胜利的求职者，只有做好充分的求职准备才能心想事成。求职准备主要包括求职心理准备、就业信息准备等。

## 第一节　求职心理准备

相传耶稣带着他的门徒彼得远行，途中发现一块旧马蹄铁。耶稣让彼得捡起来，彼得却懒得弯腰没去理它。于是耶稣自己捡了起来，然后用它在铁匠那儿换了几文钱，并用这些钱买了18颗樱桃。出城后两人继续往前走，经过茫茫荒野时，耶稣猜到彼得一定渴得厉害，就将藏在袖子中的樱桃悄悄地掉出一颗。彼得一见，红着脸赶紧捡起来吃了。耶稣再掉一颗，彼得就再捡一次。就这样，狼狈不堪的彼得一共弯了18次腰。走出了荒野，耶稣笑着对彼得说："你要是在此前弯上一次腰，再动一动脑子，就不会在后来没完没了地弯腰了。"

在即将踏入社会，面对茫茫人海，找寻一个属于自己的位置时，这个故事对你有所启发吗？

对于一名毕业生来说，了解毕业就业政策，澄清模糊认识，调整好择业心态，做好充分的心理准备，勇敢地迎接挑战，在择业过程中是非常重要的。

只有具备良好的心理素质，才能在遇到问题时沉着冷静，不会被挫折和困难所吓倒，无论何时都能保持一种良好的心态，适时地调整自己的行为。具备良好心理素质的职业学校毕业生，在择业的时候通常能够顺利就业，并且在就业后能顺利地适应职业与环境，尽快融入社会，尽早成才。

学生在校期间就应做好以下几个方面的心理准备。

### 一、竞争的心理准备

达尔文提出"适者生存"的进化法则，也同样适用于当今社会的就业市场。竞争是人类的一种本能，在优胜劣汰的残酷市场环境中，这种本能变成了人们必须具备的一种能力素质。

随着社会的不断发展进步，市场经济体制下的竞争变成了人才的竞争，要成为一名合格的现代化人才，就必须具备竞争意识、竞争能力，并具有积极参与竞争的行动。

## 二、合作与宽容的心理素质

社会并不是一个人的社会,而是由许多人组成的一个大团体。要想在社会中生存,合作与宽容是同等重要的必备素质。美国科学家、史学家朱克曾经做过这样一个统计,在1901至1975年间,全世界获得诺贝尔奖的286人中,有185人是通过与他人合作共同研究取得的。这就充分地说明了合作的重要性和普遍性。当然,合作的前提条件是对待合作伙伴要宽容,只有建立在彼此宽容基础上的合作才是长久的,才能最终取得成功。每个学生都应该明白,一个宽容的集体一定是一个团结向上的集体,到处充满矛盾与争执的团体最终肯定一事无成。我们在工作和生活中可能会遇到各种各样的问题,大家一定要做好合作与宽容的心理准备,用良好的心态来演绎美好的生活。

## 三、长远发展的心理准备

每个学生都应该做好长远发展的心理准备,只有对自己的未来具有长远的规划,在心里有目标、有方向,放眼未来,才能在工作和生活中不骄不躁,脚踏实地地走好每一步,才能够对社会的形势有理性的认识,不盲从、不轻言放弃。毕业生在求职的时候,应该对未来有清醒的认识,把握住未来的发展方向,先做好长远发展的心理准备,做好自己的职业生涯规划,然后再择业、就业。

## 四、承受挫折的心理准备

每个人在从事有目的的活动或工作时,都可能会遇到各种各样的障碍和挫折,这时所表现出来的心理情绪反应被称为挫折心理。这种情绪有苦闷、焦虑、烦躁、悔恨、愤懑、失望、愁苦……这些都是负面的心理情绪,是消极的心理状态。

即将走上社会的学生要具备承受挫折的心理素质,在遇到困难和障碍时,不要消极地面对,而是要认真地反思,找出问题的所在,积极地去解决问题,避免引起内心世界的严重扭曲。当你用充满自信的心态去面对困难,脚踏实地走好每一步人生旅程时,你就一定能够克服人生中的挫折,走好自己的人生路。

## 五、放弃从众的心理准备

人云亦云,随大流,没有自己的主见,这是从众心理的典型特征。这种心理的形成,可能是因为社会或群体的压力迫使个人放弃自己的意见从而采取顺从的行为,也可能是因为个人本身就没有自己的主张和长远的人生目标,而只能跟随众人,随波逐流。但是不管原因如何,作为毕业生,在面对择业问题时都不应该采取这种消极的方法,而应该具有很强的独立思考能力和分析问题的能力,要学会独立解决问题,力求摆脱从众的心理束缚。自己的事情自己办,"我的人生我做主"。

## 六、丢掉嫉妒的心理素质

当别人在品质、才能、成就等方面高于自己时所产生的迫切想要贬低迫害别人的心理倾向就是嫉妒心理。这种心理是非常不可取的,是求职择业和人才成长的大敌。作为现代青年,要具有同嫉妒告别、驱除私念的决心,拥有开阔的心胸和视野,在竞争中学习别人的长处,努力使自己进步,给双方提供一个公平竞争的平台,不可让嫉妒冲昏头脑,害人害己。

## 七、摒弃虚荣的心理素质

虚荣心是一种很不健康的心理状态,是求职时的障碍。如果虚荣心过强,求职者在求职过程中就会将注意力集中在社会知名度高、经济实惠的单位和职位上。他们选择职业不是从自身的优势出发,围绕自己的爱好专长来展开,而是为了得到别人羡慕的眼光。这种求职心态是不正常的,对于个人以后的发展也是有害的。

学生在选择职业时要从自身实际出发,冷静思考,沉着应对,摒弃虚荣心,找到属于自己的理想职业。

## 八、避免攀比的心理

为了共同的目标适度竞争是无可厚非的,但如果演变成相互攀比就是不可取的了。如果事事都想与人攀比,争强好胜,势必会使攀比者缺乏主见、多变、自信心不足。特别是在求职过程中,攀比心理会造成注意力过多地集中到他人的就业取向上,而忽略自己的实际能力和工作取向,就会轻易放弃适合自己的工作,而与别人同挤独木桥,当然失败就是难免的了。

## 九、抑制怯懦的心理

怯懦是一个人缺乏自信的心理表现。学生接触社会的机会较少,对实践技能的了解也非常有限,因此,在与用人单位见面的时候,经常会出现面红耳赤、手足无措、语无伦次或说话声音小等现象。自己辛辛苦苦准备的"台词"一时间都抛到了脑后,这对正常水平的发挥非常不利。因此,毕业生在步入社会时,必须克服自己怯懦、胆怯的心理,增强自信心,珍惜每一次与人谈话的机会,多锻炼自己。要学会用呼吸、意念控制自己的情绪,暗示自己要镇静、不要胡思乱想,告诉自己一定能成功。

## 十、克服自卑的心理

自卑是自我评价过低的一种心理表现。自卑的人通常缺乏自信和勇气,自我意识里总认为自己不如别人,遇事退让,不敢竞争。一般自我意识不健全、性格内向或生理有缺陷的人会表现出自卑的心理。他们往往对前途感到迷茫，对社会上的竞争感到惧怕。要克服自卑的心理，就要对自己有信心，相信自己的能力、水平，不要面对问题时就对自己产生怀疑、不信任的心理，这样才能更好地参与社会竞争，克服择业时的自卑心理。

如何调适、克服不良的心理呢？

很多学生面对未来会有一种恐惧的心理，对未来产生了迷惑，不知道该如何调适自己的心理。特别是即将毕业的学生，在择业时受到几次挫折就产生了消极情绪，甚至产生心理误区，从而形成心理障碍。这些都是很正常的现象，关键是我们怎样看待问题，用什么样的心态来解决问题。我们从以下几个方面来阐述应该怎样调适心理的问题。

### 1. 适应市场，制定合理的择业方案

毕业生要善于结合行业发展趋势、地理条件等因素综合判断一个工作、职业的发展前景。择业时不要期望值太高，可以先找一份工作，增加工作经验，然后再凭借自己的能力进行正常的职业流动，达到自己的择业目标，实现自我价值，在此基础上实现自身的社会价值。社会上有一种"先就业，后择业"的观点，说的就是这个问题。

### 2. 客观地自我评价，走出心理误区

一个人要客观地评价自己、正视自己的缺点和错误需要相当大的勇气。每个人都有一些缺点和错误，由于自我保护意识，平日里人们都极力隐藏自己的缺点和错误。然而现在却需要自己找出来并客观评价自己，是非常困难的，因为很多时候，批评别人容易，自我批评却很难。

### 3. 积极参与竞争，坦然面对挫折

现在的就业制度是双向选择，这给毕业生和用人单位提供了相互挑选的机会。在择业的过程中，出现学生看不上某家单位或某家单位选不中学生的情况都是非常正常的。学生应该在择业时珍惜每一次机会，坦然面对成功与失败，不怕挫折，积极参与竞争，从实际出发，找到自己的位置，实现自己的理想。

### 4. 调整心态，完善人格

消极的心态只能导致失败，而积极的心态有助于提高人的心理素质，进而走向事业的成功。因此，毕业生在择业过程中遇到挫折时不要让消极的心态影响自己的情绪，而应该用积极的心态去支配人生。积极思考、乐观向上和坚强的意志一定会带你走向成功。但是，健全的人格却不是学校教育能够培养出来的，它需要学生自己不断地了解人格中的缺陷与不足，这是一个逐渐成熟的过程。

### 5. 适度宣泄

在高频率、快节奏的现代社会生活中，激烈的竞争、无情的角逐、多变的人际关系，时常会使我们的神经变得格外紧张，心情变得格外疲惫，承受力变得格外脆弱。

尤其是在事业或学业上不尽如人意，生活中遭遇不幸，爱情或家庭遭受磨难时，悲观厌世、一蹶不振的情绪就会应运而生。

人的愤懑情绪，只要发泄出来，心情就会平静很多。宣泄是指通过某种渠道来把人内心深处的冲突和被压抑的情绪发泄出来。

### 案例链接

**找到自己的减压方式**

小王在公司里的人缘一直很好，他性情随和、待人和善，几乎没人看他生气过。有一次他的朋友经过他家，顺道去看他，却发现他正在顶楼上对着天上飞过来的飞机吼叫，朋友好奇地问他原因。他说："我住的地方靠近机场，每当飞机起落时都会听到巨大的噪声。后来，当我心情不好或是受了委屈、遇到挫折想要发脾气时，我就会跑上顶楼，等待飞机飞过，然后对着飞机放声大吼。等飞机飞走了，我的不快、怨气也被飞机带走了！"后来他的朋友明白了：怪不得他脾气这么好，原来他知道如何适时、适度地宣泄自己的情绪。

**点评**：一味地压抑自己心中的不快，并不能解决问题。在生活节奏紧凑繁忙的当今社会中，人人都应学习如何疏解自己的精神压力，懂得如何拥有健康豁达的人生。

毕业生在择业时受到挫折，容易出现强烈的心理冲突，产生苦闷、焦虑、恐惧等消极心理，同样可以采取适当的宣泄手段来调节情绪，达到心境平和的效果。

### 相关链接

请进行情绪心理自测，看看自己的情绪是否稳定。

下面一组测量题，将人的情绪分为三种状态，每题有三个答案，即A、B、C，选择与你的实际情况最为贴近的答案打"√"。

(1) 看到最近一次拍摄的照片，你的感觉是什么？
A. 不称心　　　　　B. 很好　　　　　C. 还可以

(2) 你是否会想到若干年后会发生使自己极为不安的事？
A. 时常　　　　　　B. 没有　　　　　C. 偶然

(3) 你曾被同学起绰号挖苦吗？
A. 时常　　　　　　B. 没有　　　　　C. 偶然

(4) 你上床以后是否必须再看一次门窗是否关好才能睡觉？
A. 时常　　　　　　B. 没有　　　　　C. 偶然

(5) 你对与你关系密切的人是否感到满意？
A. 不满意　　　　　B. 非常满意　　　C. 还可以

(6) 你在半夜时分是否觉得害怕？
A. 时常　　　　　　B. 没有　　　　　C. 偶然

(7) 你会因为梦见可怕的事情而惊醒吗？

A. 时常　　　　　　B. 没有　　　　　　C. 偶然
（8）你是否经常做梦？
　　A. 是　　　　　　　B. 不是　　　　　　C. 不知道
（9）有没有一种食物吃了会使你呕吐？
　　A. 有　　　　　　　B. 没有　　　　　　C. 不知道
（10）你有没有去另一个世界的想法？
　　A. 有　　　　　　　B. 没有　　　　　　C. 不清楚
（11）你是否怀疑过自己不是父母亲生的？
　　A. 时常　　　　　　B. 没有　　　　　　C. 偶然
（12）你曾经觉得没有一个人关心或尊重你吗？
　　A. 是　　　　　　　B. 没有　　　　　　C. 说不清
（13）你是否常常觉得家人对你不好？
　　A. 是　　　　　　　B. 不是　　　　　　C. 偶然
（14）你觉得没有人完全了解你吗？
　　A. 是　　　　　　　B. 不是　　　　　　C. 不肯定
（15）早晨起来，你最常有的感觉是什么？
　　A. 忧郁　　　　　　B. 快乐　　　　　　C. 不清楚
（16）每到秋天，你经常有的感觉是什么？
　　A. 枯叶遍地　　　　B. 秋高气爽　　　　C. 没感觉
（17）你站在高处时，总觉得站不稳吗？
　　A. 是　　　　　　　B. 不是　　　　　　C. 有时
（18）你觉得自己身体强健吗？
　　A. 是　　　　　　　B. 不是　　　　　　C. 不清楚
（19）你一到家就会立即把房门关上吗？
　　A. 是　　　　　　　B. 不是　　　　　　C. 没留意
（20）你在关上门的小房间内会觉得不安吗？
　　A. 是　　　　　　　B. 不是　　　　　　C. 偶然
（21）你在做某件事时总觉得很难下决心吗？
　　A. 是　　　　　　　B. 不是　　　　　　C. 偶然
（22）你常用抛硬币、占卜或抽签预测命运吗？
　　A. 时常　　　　　　B. 不会　　　　　　C. 偶然
（23）你会因为碰到东西而跌倒吗？
　　A. 时常　　　　　　B. 不会　　　　　　C. 偶然
（24）你是否要用1个小时以上的时间才能入睡？
　　A. 时常　　　　　　B. 不会　　　　　　C. 偶然
（25）你是否能感觉到别人感觉不到的东西？
　　A. 时常　　　　　　B. 从未　　　　　　C. 偶然
（26）你是否认为自己有超越常人的能力？
　　A. 是　　　　　　　B. 没有　　　　　　C. 某些方面

(27) 你曾经因有人尾随而感到不安吗？
A. 是　　　　　　　B. 没有　　　　　　C. 不清楚
(28) 你是否觉得有人在注意你的言行举动？
A. 是　　　　　　　B. 没有　　　　　　C. 不清楚
(29) 当你一个人夜行时，是否会觉得前面潜伏着危险？
A. 是　　　　　　　B. 没有　　　　　　C. 偶然
(30) 你对自杀的态度是：
A. 可以理解　　　　B. 不可思议　　　　C. 不清楚

**评分原则**：答案 A 计 2 分、B 计 0 分、C 计 1 分。将所选择的答案对应的分数累计，算出总得分。

**评定**：计算出总得分后，可按下述三种情况进行对照，判定自己的情绪。

(1) 少于 20 分，表示你的情绪稳定，自信心强，具有较高的审美能力、道德感和理性。你有一定的社交能力，能理解周围人的心情，顾全大局，是个性格爽朗、受人欢迎的人。

(2) 20~40 分，表示你的情绪基本稳定，但较为低沉，对事情的考虑过于冷静，处理事物冷漠消极，易丧失发挥自己个性的良机。你的自信心受到压抑，容易瞻前顾后、犹豫不决。

(3) 40 分以上，表示你的情绪极不稳定，日常烦恼太多，自己的心情处于紧张和矛盾之中。如果你的得分在 50 分以上，则是一种危险的情绪不稳定信号，请尽快找心理医生。

## 第二节　职业信息准备

**案例链接**

把握信息，成功就业

小李是某师范学校计算机应用专业 2008 届毕业生，早在上学期间，她就开始注意收集各种信息，并建立了自己的就业信息库。她收集的信息包括：国家经济发展趋势、国家的就业政策、当地的就业形势分析、用人单位的招聘信息及其他资料等。

小李收集的招聘信息有上百条，在筛选信息时她发现，师范类学校毕业生的就业非常难，基本上没有公立学校招聘。通过深入研究进一步发现，公立学校教师的工资属于财政开支，而当地经济发展比较落后，财政十分紧张，因此公立学校的教师编制被严格控制。

她还对上届在公立学校代课的师哥、师姐进行了调查，得知他们的代课工资非常低，每月只有一千多元，解决编制问题也遥遥无期。因此，她放弃了到学校做教师的想法，转而选择去企业工作。

她筛选企业信息的原则是：寻找回报高的或发展快的行业；处于上升期的高科技企业；效益好，且注重以人为本的企业；薪水一般，但工作相对稳定的企业。在

职业指导

求职找工作的近一年时间里,她始终保持着清醒的头脑,与学校就业指导中心的老师经常保持联系,常把自己的一些想法与就业指导老师进行沟通以求得他们的指导和帮助,细心地寻找自己力所能及且适合自己的工作。临近毕业时,她没有像其他同学那样焦急地寻找工作,反而大多数时间都在教室里进行专业课程的学习。她也去参加一些招聘会,但都是有目标和有准备的,参加招聘考试和面试,也都是经过精心选择的中意单位。当许多同学还在四处奔波找工作时,小李已经找到了一份适合自己的工作。

**点评:** 小李在校期间就关心毕业后的就业问题,及早动手广泛收集就业信息。通过对收集到的就业信息进行认真筛选、分析研究,果断确定自己的择业目标,在求职择业过程中争取主动,从而在就业竞争中从容不迫地找到了一份适合自己的工作。

临近毕业,你知道该如何进行求职信息的准备吗?你知道如何将这些信息进行筛选、整合、分析,然后加以利用吗?

## 一、就业信息的收集

对面临求职择业的毕业生来说,他们最关心的莫过于能及时得到更多的就业信息。从某种意义上讲,谁能拥有更多、更有效的就业信息,谁就将赢得择业的主动权。

首先需要强调的是,就业信息不仅仅是目标用人单位的需求信息。需求信息固然是重要的就业信息,但是,国家有关毕业生就业的方针、政策、法规,地方制定的有关就业政策,不同部门、不同行业在国民经济和社会发展中所处的地位、作用和发展趋势,用人单位的性质、人员结构、经营状况、发展前景、工作环境等,都是重要的就业信息。忽视对这些信息的收集,只盯着目标用人单位的需求信息,即使这些信息收集得很多,也很难做出全面、准确的判断。

就业信息收集的渠道很广,这里向同学们列举几种:

### 1. 学校的就业主管部门

学校的就业指导中心作为毕业生就业的重要主管部门,与地方的毕业生就业主管部门以及有关用人单位保持着经常、密切的联系。国家有关就业政策规定、地方有关就业政策规定、各地举办"双向选择"活动的信息、有关用人单位简介材料及需求信息等,学校的就业主管部门一般都能够及时掌握。他们提供的信息无论是数量还是质量,都具有明显的优势,是广大毕业生获取就业信息的主要渠道。

### 2. 各级各类"双向选择""供需见面"会

有的校园招聘会是由一个学校或多校联合举办的,有的甚至是由一个行业或几个行业联合举办的。通过这种大型招聘会组织毕业生和用人单位直接见面,不仅可以使毕业生直接获取更多机会,有时还可以当场决定签订协议,因而比较简捷有效。

### 3. 新闻媒介

毕业生就业作为社会普遍关注的热点问题，近来也引起了新闻界的普遍重视，有关就业政策、热门话题讲座、招聘广告等时常见诸各类媒体。

### 4. 通过各种社会关系获取信息

本专业的教师比别人更清楚学生适合到什么单位就业，通过他们可以获得更多具体的、准确的信息。家长和亲友对孩子的就业更为关心，他们与社会的方方面面都有一些联系，也可以提供就业信息。

### 5. 利用社会实践、毕业实习或业余兼职获取信息

通过与社会的接触加强与有关用人单位的联系，增进彼此间的了解，以便直接掌握就业信息，如果双方都满意，就是再好不过的机遇了。

### 6. 直接与用人单位联系就业信息

开始可以采取"普遍撒网"的方式，向你认为适合的用人单位写自荐信、求职信，确定重要目标后，通过电话预约，然后亲自登门拜访。这种"毛遂自荐"的方式也不失为获取就业信息、获得就业成功的途径之一。

## 二、就业信息的筛选

毕业生在求职择业过程中，需要了解的就业信息很多，获取的信息数量很大，途径也各不相同，这就要求毕业生根据自己的实际需要对收集到的信息进行分析、整理和筛选，去伪存真、去粗取精，提高就业信息的科学性、准确性、针对性和时效性，以便更好地为自己的求职择业服务。一般来讲，在进行就业信息筛选时，应注意以下问题：

### 1. 科学地掌握就业信息

毕业生在择业过程中需要掌握的就业信息很多，但要分清主次轻重。对于那些重要的就业信息，应通过正规的渠道来获取。如就业政策就应从政府机构和学校就业主管部门获取，并且应时刻关注最新动态；就业方法与技巧应通过优秀教材、就业指导课获取，并且注意活学活用；自己的综合信息就应通过对比、测验、咨询等方式获取，并且应根据具体情况适时做些调整。这几类信息的重要性强、变化幅度比较小，因而应有相对深刻的记忆和随时调用的意识。

### 2. 准确地理解就业信息

毕业生获取就业信息的渠道多种多样、真伪难辨，尤其是就业政策中的特殊规定、社会需求信息中的特定要求、用人单位信息中省略及含糊的地方，以及用人单位信息中的工资福利待遇、进修培训部分，应特别注意并准确地理解，否则会使你做出错误的选择或使你的合法权益受到损害。

## 职业指导

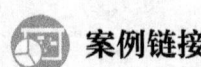

### 案例链接

#### 辨别求职中的"真实的谎言"

**案例一：求职误入传销陷阱**

某日早上，南方某市一市民从一座居民楼下经过时，无意中在马路上发现一个形似人民币捏成的纸团，捡起来打开发现是一张5元面额的人民币，钞票上写着"请求报警解救"的内容。这位市民急忙掏出手机拨打110报警电话。

发出求救信息的是来自湖南的女大学生小李。她刚刚毕业就被同学骗入非法传销网，在被非法拘禁3天后机智求救。当民警将几名犯罪嫌疑人带走，小李恢复了自由时，度过了3天噩梦般日子的她，一下子瘫倒在地，泪流满面。

大学毕业后暂时没有找到工作，小李在湖南家中待业期间接到同学罗某的电话，说已经替她找到一份工作，月薪在3 000元以上，催她速来。随后，小李来到南方，见到了她的同学。而第3天，她被带去见"老板"，并被灌输了一遍"网络营销""一夜暴富"等非法传销者常用的"洗脑"思想。受过高等教育的小李当即怀疑自己被骗进了非法传销的陷阱，为便于日后脱身，她记下了居住的楼名。

果然，当天小李即被要求交纳3 800元的"入网费"。怀疑被证实后，小李拒绝了"老板"的要求，考虑着尽快离开，但她的想法很快被张某等人察觉，她被锁进房里，手里的房门钥匙被粗暴夺走。骗小李来工作的同学为什么成为非法传销组织的帮凶呢？据该组织"头目"交代，他自己本是一名大学毕业生，在被非法传销组织控制和"同化"后成为一名"帮凶"，组织罗某等人诱骗他们的亲朋、同学。东窗事发，等待罗某等人的将是法律的制裁！

**案例二：签约只凭口头承诺**

凭借自己以往在学校优秀的表现，武汉某高校行政法专业2009届本科毕业生小伍在求职过程中很是自信。他希望进入待遇好、有前途的国有企业，端一端"铁饭碗"。

在一次招聘会上，他对广东省韶关市一职业技术学院较感兴趣。该学院向小伍许诺了很好的待遇，称自己是广东省政府批准成立的公办学校，校址在韶关城区内，并承诺课时费、津贴等补助合计收入应在4 000元左右。小伍认为公办学校应该没问题，就在招聘会上将《就业协议书》签字后交给了该学院招聘人员。在毕业前夕，小伍的《就业协议书》由韶关一企业盖章后送到学校。

到了这个时候，小伍才意识到该去学院了解情况。他发现该学院招聘人员的宣传并不完全真实，该学院在韶关城郊，地理位置较偏僻，人事档案挂靠在一国有企业，基本上是个民办学校，而且原先承诺的工资待遇也不可能实现。

小伍懵了！几经交涉，该学院同意放人，但不愿做任何补偿。小伍人生地不熟，投诉无门，只好黯然回到武汉，重新择业。可此时已经到了7月，择业的高峰已过，再求职谈何容易，至今他仍在靠打零工度日。

**专家评点**：学会行使"知情权"

专家一：

毕业生作为签约的主体，在签订就业协议前应该有对用人单位基本情况、劳动条件、劳动待遇等事实进行了解的权利，即民法上所谓的"知情权"，招聘单位也应有告知的义务。毕业生更应主动了解、询问用人单位情况，判断该单位提供信息的真实性。毕业生有知情权，更要利用这种权利保护自己的合法权益，保障就业的顺利进行。

有相当多的毕业生就是在对用人单位很不了解、对用人单位将要给予的待遇以及将要安排的工作岗位等都很不清楚的情况下，与用人单位签订了协议。还有少数运作不规范的用人单位，往往夸大单位的现状、工作环境和将来的前景，或向毕业生开出空头支票，如安排住房、高额奖金、在总部或大城市工作等，以此来吸引毕业生应聘。毕业生报到后发现单位根本无法兑现他们的承诺，对用人单位单方面违约却欲诉无门。

用人单位的招聘广告、招聘简章、书面承诺是毕业生和用人单位建立劳动关系的许诺，是签订劳动合同前的承诺，这些承诺将会写入就业协议。而就业协议可以说是签订劳动合同前的预备性合同，如果用人单位提供的信息和招聘待遇与事实不符，就可追究用人单位责任。

**专家二：**

用人单位发布招聘广告即一种法律上的要约，毕业生前往应聘即可形成承诺。根据合同法，毕业生就业协议书应该是一种合同，就业协议一旦签订，则用人单位和毕业生之间的劳动合同即告成立，签约双方就都要受到合同的约束。

用人单位招聘广告有的则是合同的一部分，如因用人单位发布虚假招聘信息而导致毕业生未能签约或已经签约还未生效，用人单位则应当承担缔约过失责任；如因用人单位的承诺不能实现，则可按用人单位违约处理，可要求用人单位继续履行承诺或者支付违约金，造成损害的还可要求损害赔偿。

理解知情权必须考虑三个方面问题：一是知情权存在的必要性问题；二是在多大范围内存在，即知情权存在的"度"的问题；三是如何协调公众知情权与用人单位商业秘密等问题的冲突。

用人单位发布虚假信息直接违反法律规定，其不实承诺构成欺诈，应承担相应的民事责任。换言之，用人单位有义务保证所发布信息的真实性，兑现其承诺。至于用人单位履行义务的范围，由于具体情况千差万别而不一，但有一个原则性的判断标准：该信息是否影响或误导了毕业生的决策、判断，用人单位应对其所有可能影响误导当事人判断、决策的信息保证真实、客观。

**专家支招：**

在当今就业形势相对较为严峻的情况下，寻求法律援助是不得已而为之，关键是从信息的发布、利用上进行严格的把关，增强判断力和辨别是非、真伪的能力。

当毕业生遇到用人单位提供信息不实或承诺不能兑现时，所应采取的措施主要有：第一，毕业生应据理力争，维护自身合法权益；第二，如果用人单位有欺诈行为，应及时向劳动监察和人事监察部门投诉。

### 3. 有针对性地筛选就业信息

一般来说，一则较好的就业信息应该包含以下几个要素：
(1) 工作单位的全称、单位性质、上级主管部门等；

（2）工作单位的发展前景和现阶段发展实力，以及在整个行业中的排名或者在整个社会经济结构中所占的地位；

（3）对从业者政治、思想、道德、品质、工作态度、学历、学业成绩、职业兴趣、职业能力、职业气质、职业技能等方面的要求；

（4）工作单位的地点、环境、工作时间、个人待遇、福利等的明确规定。

很多用人单位在进行宣传的时候，通常只提自己的优势而掩饰自己的劣势，因此，毕业生在进行情况分析的时候要做到充分了解，心中有数，不要被表面现象所迷惑而失去准确的判断。

## 三、就业信息的科学利用

无论是收集信息还是筛选信息，最终都是为了利用这些职业信息来得到自己理想的工作。

首先，在经过了认真而全面的筛选之后，毕业生就要尽快与用人单位取得联系，建立协约关系，以免在自己犹豫不决时错失良机。因为大家都知道，信息是具有时效性的，如果你错过了这个时机也就等于错过了这个机会。

 **案例链接**

时机不等人

某学校机械系毕业生吴某，在学校举办的毕业生招聘会上，山西大同市一家效益较好的部属研究所认为他的情况不错，愿意接收，而且表示他到单位后会有很好的发展前景。虽然吴某也愿意到该单位去，但觉得山西大同地方不尽人意，有些偏僻，气候不好。于是他就去找系里和就业指导中心的老师咨询，老师们一致认为该单位整体情况不错，应抓紧时间尽快决定。可能是这种机会来得太容易，吴某做出了不去该研究所的决定。对此，学校老师和研究所的同志都觉得遗憾和惋惜。但仅仅过了3天，吴某思想上发生了变化，又想去该研究所工作，但这时单位招聘人员已经离开学校，该专业的招聘计划已经完成，不能接收。

此实例表明，首先，求职信息的时效性非常强，毕业生一定要抓住机会，尽快决策，不然就会坐失良机，后悔莫及。

其次，根据职业信息的要求及时调整自己的知识、技能结构，提高自己的工作能力，弥补原来的不足。如发现自己哪方面的课程、知识不足，就主动去学习，或发现自己哪方面的技能欠缺，就赶快参加必要的训练，主动学习和掌握相应的技能，以便走上工作岗位后能够更快地适应工作要求。

再次，及时输出对他人有用的信息。有些信息对自己不一定有用，可是对他人却十分有用，遇到这种情况，千万不要抓住这些信息不放手。迟迟不输出对他人有效的信息，这是一种极大的浪费，也是一种不良心理的表现，是不可取的。其实，你能主动输出对他人有用的信息，不仅是对他人的帮助，而且他人的顺利就业自然也使你减少了一个竞争者。同时，这样做还增加了与他人交流信息、增进友谊的机会，说不定你也会从别人手中获得对自己十分有益的信息呢！

## 四、寻找发挥自己优势的职业

《伊索寓言》里有一个故事：某一天，森林里面百兽聚会，大家都拿出自己的看家本领，尽情地欢乐。一只金丝猴为大家表演了舞蹈，获得了全场的一致赞许，掌声如雷鸣般持续不断。在一旁观看的骆驼，见金丝猴的舞蹈这么叫座也想为自己赢得一些掌声，它也要求为大家助兴，舞上一回。可结果，它的劣拙动作毫无美感可言，赢得的只是大家一阵哄笑，在羞愧之中，想出风头的骆驼伤心地哭了。

骆驼之所以遭遇如此结局，其原因就是没能积极发挥自己的长处，而以短处和猴子的长处相比较。

毕业生在择业的过程中，同样要根据自身的特长去寻找最适合自己的工作。人们常说：充分发挥和利用自己的长处是人生的诀窍。因此，自己的一技之长可能是改变一生命运的巨大财富，一定要充分地发挥和利用它。毕业生在择业时，应该选择自己最拿手的职业、最能充分发挥长处的职业、最能体现品质的职业，这样才能使自己的人生增值。正如富兰克林说："宝贝放错地方便是废物。"

  **案例链接**

**合适的就是最好的**

某高校毕业生章某，大学期间曾多次被评为三好学生。毕业时，他了解到的信息有高校教师岗位、工厂技术人员岗位、研究所研究人员岗位，还有政府公务员岗位。在分析筛选时，他考虑到自身性格偏内向、普通话不标准、社会交往能力偏弱而专业成绩较好的现实，于是放弃高校教师和公务员岗位，在工厂和研究所之间选择了研究所。工作的几年中，他先后抽时间到沿海和内地两家不同的工厂和公司进行试工，均感不适，最终还是安心在研究所工作。

实践证明，他当初的选择是正确的，即适合自己的就是最好的。

# 第三节　就　业　准　备

## 一、了解用人单位的要求

毕业生在求职就业时要做到知己知彼，才能百战不殆。首先应该了解一下用人单位对毕业生素质的要求和他们对人才的看法。

**1. 品质——永远的"金科玉律"**

环顾当前的用人单位，可以发现，他们的用人之道中有一条永远的"金科玉律"，

### 职业指导

那就是人才的道德品质。道德品质不好，绝对是一票否决。那么用人单位希望自己的员工具有哪些基本的道德品质呢？看看以下这些大公司、大企业人力资源部门负责人的说法：

微软亚洲研究院用人的标准除了重视扎实的基础和专业知识、足够的创造力、工作热情、团队精神外，尤其看重人才的职业道德，应聘者要经过严格的面试，以考核其是否正直、诚信。

联想人力资源部负责人直言：成为人才要先学会做人，人才与企业发展的关键的结合点在于：企业要有良好的用人战略，而人才要有良好的道德品质。他们选拔人才的标准是：能够吃苦耐劳、有韧性、上进心强，能够自我激励、迎难而上。

朗讯科技（中国）有限公司人力资源总监指出，能够理性看待职业发展与报酬关系的人还是少了些。年轻人如果为钱而来，将来一定还会为钱而走。他表示他们特别欢迎那些对接受新科技有执着追求的、把职业发展放在第一位的人才加入。

中国普天信息产业集团公司人力资源副总经理说，对于人才，我们比较看重他们的实践能力，但更看重他们的职业道德，现在有些人忽视了这一点，结果人才的恶性跳槽损害了企业的利益，这是我们不愿看到的。

诺基亚人力资源部总监说，我们的招聘工作是比较严格的，需要花很多时间，因为我们觉得价值观和他们的思想比较重要一点：技术很容易学到，硬件很容易学到，但软件就比较难一些。据了解，诺基亚招聘人才有一个严格的测试程序，要经过8个小时的心理方面的测试和3个小时的面试。

总的来说，用人单位要求员工具有以下几种品质：

（1）敬业爱岗：热爱自己的本职工作，严肃认真地对待自己的职业，兢兢业业，踏实肯干。

（2）诚实守信：不讲假话，遵守承诺，言而有信。

（3）办事公道：照章办事，不偏不倚，不徇私舞弊，对同事、对顾客一视同仁。

（4）甘于奉献：不要太计较个人的得失，从一个团队的利益出发，为一个团队的发展甘于奉献。

### 2. 能力——超越"知识"的要求

用人单位对人才还有许多能力方面的要求。

北大青鸟公司负责人力资源管理的副总这样说："企业要求的人才不是应试人才，而是做事人才。"面对日益激烈的市场竞争，企业的生存和发展系于一端，那就是人才的能力。一个人的专业素养、团队合作精神、沟通协调能力等，都是企业所看重的，作为一名中职学生，在学历上是弱势，那么就要在能力上略胜一筹。

中国普天信息产业集团公司人力资源副总经理说，我们比较看重的是人才的协调能力和沟通能力，所以招聘时在面试、笔试之外，还要进行一些测试，只有这些全部都能通过，才有可能被录用。每个行业的新人，需要的就是一步一个脚印地学习，向比你级别高的同事、你的经理、你的合伙人甚至你服务的客户学习工作技能，积累工作经验，不要轻视任何细小的工作，不要计较与你的职业发展无关的小事情。我们的用人机制就是完全根据你的工作表现来决定你享受的待遇和发展机会。已经实行多年的业绩评估系统使得对每个人的评价都基于工作事实，最大限度地减少评判主观度。所以新人要做的就是先向你的团队证明自己。

## 二、自我定位——市场拒绝盲目的人才

中职学生在求职时要找准自己的定位。企业非常看重人才的自我评价和自我定位，因为这不仅关系到人才能否充分发挥出自己的才干，更关系到人才所在企业的发展大计。巨龙公司人事部总经理说，人才一定要给自己一个符合当前实际情况的定位。现在企业越来越重视团队精神，需要各种各样的人才在一起协同工作。既要有出类拔萃的决策者、技术尖子，也要有一般的具体工作人员、操作人员，只要你能够很出色地完成你的特定任务即可，而并不一定人人都是精英人才。所以倘若你定位不准，对自己的目标不能很好地把握和领会，不能完成自己的目标任务，就极有可能会被淘汰。

中软人力资源部经理指出，今年的就业形势非常严峻，比前几年的竞争更加激烈。对企业来说，当然是有了更大的挑选余地。但现实情况是，人才的量很大，但"质量"不一定很高。他说，前来应聘的应届毕业生比较突出的问题是盲目性太大。他们很多人对企业毫不了解，有的甚至对岗位也不了解，不知道自己适合干什么。我们并非一味强调学历和文凭，而是要将合适的人放在合适的岗位上。

华振会计师事务所人力资源部经理认为，有些想到这个行业工作的毕业生往往缺乏对行业的基本了解，有的只知道会计师事务所这个名词，却不知道名字之后的责任有多重，其职业特性是什么。我们要求应聘者对自己要有一个比较客观的评价，从自己的技能、个性、潜力等方面综合考虑，做出正确的选择。在择业前，应该静下心来，认清自己是什么样的人才，自己的兴趣在哪里，适合做什么。那些自认为自己只能做大事，不屑于做小事，计较自己的职位、身份的新人是不受欢迎的。

## 三、制定求职目标

中等职业学校的学生还应该对将来所要从事的行业中的企业有详细的了解，企业文化以及企业现状都会影响中职学生将来的发展。选择职业还应明确自己和企业是否合拍。中职学生既要选择企业，还要选择岗位。岗位提供发展的空间，但是这个空间是否适合自己发展，还得考虑各方面因素。准确把握岗位的发展空间与自己的适应度是很困难的，这需要中职学生对自己和岗位有清醒的认识。下面介绍一种测试适合自我发展岗位的方法：

这种方法是根据企业的生命周期来考虑。所谓"生命周期"，就是指一般企业的寿命大致可分为五个阶段：开发期、成长前期、成长后期、成熟期与衰退期。

处于"开发期"的企业，刚起步，晋升的机会通常较多，短时间内就可升到较高的位置，但相对而言，由于企业基础尚不够稳固，所以势必要承担较大的经营风险。

处于"成长前期"的企业，晋升的机会也较多，但速度缓慢一些。

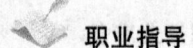

处于"成长后期"的企业，制度、体制都已上了轨道，想在短期内获得晋升或加薪恐怕比较困难。一般的大企业多属此阶段。

如果你打算选择处于"成熟期"的企业，那你可要有心理准备，因为在工作中的突破会比较困难，晋升的可能性也较小。

处于"衰退期"的企业，除非你有超凡的能力，可以使濒临关门的企业起死回生，否则根本不需要考虑。

如果你不知道如何选择合适的企业，不妨先回答以下 7 个问题：

(1) 我希望进入一家薪水普通但稳定性高的企业。
(2) 我希望进入一家工作清闲又能兼职的企业。
(3) 我希望进入一家以实力决定待遇的企业。
(4) 为了自己将来创业方便，我希望进入一家能充分学习的企业。
(5) 我希望进入一家环境安静，能从事新事业开发工作的企业。
(6) 我希望进入一家能重用年轻人的企业。
(7) 我希望做自己喜欢而且待遇又高的工作。

选择（1），适合进入处于"成熟期"的企业；选择（2），最好不要"脚踏两只船"；选择（3），处于"成长期"的企业最适合你；选择（4），适合进入处于"开发期"或"成长前期"的企业；选择（5），可以考虑处于"成熟期"企业中的企划或开发部门；选择（6），可以尝试处于"开发期"或"成长前期"的企业；选择（7），那你只有一条路可走，就是自行创业当老板。

## 四、制订求职计划

制订一个切实可行的求职计划是就业成功的关键一步，那么求职计划如何制订呢？如果你已经了解了用人单位的需求、自己的能力水平，并且有了一个初步的目标定位，那么现在要做的就是在这个目标的指引下，把求职的行动具体化：具体到每周计划干什么，参加几次面试，基本的步骤如何，要做哪些必要准备等。总的来说，求职计划类似于一个求职进度表。有了这样一张时间表，有利于自己随时掌握求职的进度，做到心中有数。但是这个计划表不是一成不变的，在实际求职的过程中，可以根据具体情况不断调整计划，适应求职的需要。

## 五、找出不足并缩小差距

在确立了目标之后，中职学生会发现目标与现实之间常常存在差距，这时就应该对所有的要素全面考虑一遍。对目前自己掌握什么、欠缺什么，做到心中有数。及时调整目标和定位，如果定的目标高了，就要降低一些，如果目标与自己的能力差距不太大，则可以通过努力在短时间内达到用人单位某个职位的用人要求。如若不通过冷静客观的思考而盲目自信或急于求成，则难以获得成功。中职学生只要踏踏实实，勤奋努力，认真钻研业务，认真学习新的知识，发挥自身的努力和才干，就能缩小现实和理想之间的差距，取得成功。

## 六、了解签约须知

毕业生在择业时，必须持有的材料有三，即求职信、个人简历、就业协议书。求职信和个人简历将在下一章节进行介绍，在此不详细阐述，而就业协议书是毕业生与用人单位签订的就业合同。就业协议书的签订应按下列步骤进行：

（1）由毕业生填写基本情况。

（2）用人单位签字、盖章，毕业生签字；填写双方约定的其他条款。

（3）学校毕业生就业指导中心加盖校级公章。

属于下列情况的，就业协议书立即生效：

（1）在学校举办的招聘会上，毕业生与用人单位当场签字并已加盖校级公章的。

（2）在学校举办的招聘会上，毕业生和用人单位已签字，招聘会后加盖校级公章的。

（3）毕业生通过学校公布的信息或自己联系的用人单位，与用人单位签字盖章的。

毕业生在择业时，只能与一个用人单位签订就业协议书，不能与两个或两个以上的用人单位签订就业协议书，否则将按违约处理。就业协议书一旦签订，一般是不允许违约的。如果毕业生违约，需由用人单位开出同意违约的证明，然后由毕业生提出申请，经学校同意并交纳违约金后，才可以办理违约手续。

## 作 业 题

1. 学生必须具备的求职心理准备有哪些？
2. 一则较好的就业信息要包含哪些要素？
3. 用人单位要求员工具有哪些品质？
4. 思考一下自己应该为将来的就业做哪些准备。

# 第四章 求职信与求职简历的写作技巧

求职信是毕业生针对招聘岗位而向用人单位进行自我推荐的书面材料，它是用人单位翻阅毕业生的推荐材料之前首先要看的内容。这份材料是所有求职材料中的支柱性文件，其作用至关重要。求职信的书写质量在很大程度上决定了求职者能否顺利进入用人单位的初步筛选范围。

个人简历也是求职过程中不可缺少的求职材料，几乎所有的招聘者都要求求职者递交求职简历。这是求职者与招聘者的第一次"接触"，一份卓有成效的个人简历是开启事业之门的钥匙。因此，要想获得求职成功，首先应认真、正确、完整地写好个人简历。

## 第一节 求职信撰写技巧

求职信是一种具有自我推荐性质的信件，它通过表述求职意向和对自身能力的概述，引起对方的重视和兴趣。求职信是毕业生给用人单位的第一印象，正所谓"未见其人，先观其信"。一封好的求职信是叩开就业之门的"敲门砖"。俗话说"文如其人"，求职信若写得流畅漂亮，会给用人单位留下过目难忘的印象，从而对你产生兴趣，你便能从众多的求职者中脱颖而出；相反，求职信若写得文理欠通，读来索然无味，对方或许没看完就将之抛入废纸篓中。因此，如何让你的才能、潜力在有限的空间里发出夺人的光彩，在瞬间吸引住用人单位挑剔的眼光，写好求职信极其关键。

### 一、什么是求职信

简单来说，求职信就是一封写给招聘单位的信。它总结和归纳了简历的内容，集介绍、自我推销和下一步行动建议于一身，并重点突出自身背景材料中与未来雇主最有关系的内容，以此来提高自己的成功概率。一份好的求职信体现了求职者清晰的思路和良好的表达能力，招聘者通过求职信可以看出其沟通交际能力和性格特征。最主要的是可以看出其个人闪光点以及适合所招聘岗位的原因。因此，写求职信之前一定要考虑好以下5个方面：

第一，你所应聘的企业最需要的是什么；你所应聘的职位所需要的最重要的技能、知识和经历是什么。

第二，你的目标或者你写求职信的目的是什么，是想获得一个具体的职位、一次面试的机会，还是仅仅希望有人通过电话和你聊一下有关单位、机构的整体状况。

第三，对于你所应聘的职务来说，你有哪些优势或优点。通过举例的方式来说明。

第四，如何把你的经历与你所应聘的职位挂钩。

第五，你为什么想要获得这个职位或者为什么想进入这家企业；你对该企业有多深的了解，比如他们的产品、服务、企业文化、宗旨、目标等。

当你对以上内容深思熟虑以后，就可以开始动笔撰写求职信了。

## 二、求职信的书写格式

求职信的重点在于"荐"，在构思上一定要围绕"为何荐""凭何荐""怎样荐"的思路安排，其书写格式与一般书信大致相同，即标题、称呼、正文、结尾和落款。

### 1. 标题

标题是求职信的标志和称谓，要求简洁、醒目、庄重、典雅。用较大字体在用纸上标注"求职信"三个字，要显得大方、美观。

### 2. 称呼

这里的称呼是指对主送单位或收件人的称呼，因此往往要比一般书信的称呼正规一些，在实际书写时要区别对待。若写给国家机关或事业单位的人事部门负责人，可用"尊敬的××处长"称呼；若写给企业人力资源部，则用"尊敬的××经理"。称呼要正规、准确，忌用"前辈、叔叔、师兄"等不正规的称呼。由于求职信往往是和用人单位之间的首次交往，毕业生未必对用人单位的招聘人员了解、熟悉，因此，在求职信中称呼"××领导"是可以的。

### 3. 正文

这是求职信的核心部分，其形式多样、风格各异。要打动用人单位，正文部分的措辞和行文风格要反复揣摩和修改。正文部分应当包括以下内容：

（1）简单自我介绍，即简要说明自己的身份。对于应届毕业生来说，在信件的开头用一两句话说明自己的学校、学历、专业等基本信息即可，简明扼要，一目了然。例如，"我是××学院（学校）××专业应届毕业生"。

（2）说明求职信息来源。为了师出有名，最好在求职信的开头说明求职信息的来源。这样既使行文比较流畅，同时也暗示用人单位的招聘广告是有反馈的。可用一句"本人在××年×月×日的《××报》上得知贵单位正在进行招聘活动，因此投信前来应聘"之类的话带过即可。

（3）说明应聘职位。在求职信的开头，应该说明所要应聘的职位，如"本人欲应聘网络维护一职"或"相信本人能胜任报社记者一职，故前来应聘"等。

（4）说明能胜任该职位的理由。这是求职信的关键部分，主要是向对方表明你的专业知识和工作经验，所取得的与该职位有关的一些成绩和自己所掌握的相关技能，以及与该职位相符的性格、特长、兴趣爱好和其他情况。这段文字所要表达的中心意思就是你是最适合该职位的人，并注意发掘自己满足未来工作要求的潜力。需要注意的是，说明能胜任该项工作的理由，并不是经验和成绩的简单堆砌，一定要突出适合这项工作的特长和个性，不落俗套，"不走寻常路"。尽量避免罗列那些风马牛不相及的内容，更不能写那些与招聘条件"反其道而行之"的内容。例如，用人单位招聘的是"营销人员"，求职者却对自己的"内向、文静、细心"大写特写，这样应聘自然就会失败。

（5）暗示发展前途及潜力。在求职信中不仅要向招聘者说明你的现在，更要说明你的未来，说明你是有培养价值的、可塑造的、有发展潜力的。例如，你若当过班干部，可以向对方介绍在担任学生干部的时候取得了哪些成绩，这就说明你有管理和组织方面的才能。

### 4. 结尾

一般的结尾无非是两个内容：一是盼回复，二是祝词。在一般的求职信中，表达希望对方答复或者获得面试机会所用的措辞几乎已成定式，如"我热切盼望着您的回复"或者"我希望能获得与您面谈的机会"。此外，正文后的问候祝颂虽然只有几个字，但也有着不可忽视的作用。可用"顺祝安康""祝贵公司兴旺发达"等词，也可用"此致敬礼"之类的通用词。

### 5. 落款

落款应署名并注明日期。署名应与信首的"称呼"相呼应，如果在信首称对方为"××老师"，则署名应为"学生×××"，当然也可以直接签上自己的名字。需要注意的是，不管求职信是打印的还是手写的，署名一定要手写。署名下方要完整地写上年月日，还应注明联系方式。

 **范例**

#### 求职信（一）

尊敬的××负责同志：

您好！

我是一名中职在校学生，将于××××年毕业，所学专业为商务英语。

本人在校期间学习成绩优秀（成绩单附后），并且通过国家英语四级考试，口语翻译能力强，希望应聘贵公司××岗位。

在校期间，本人为人热情，责任心强，大小事情都能兢兢业业地完成，有团队意识，为此经常受到老师和同学们的好评。我性格活泼，善于交际，有很强的语言表达能力；身体素质好，兴趣广泛，经常参加学校组织的各项文体活动。

兹奉上履历表、照片、成绩单、操行评语、获奖证明等资料，如需面试，我定准时前往。

第四章　求职信与求职简历的写作技巧

　　我的通信地址是：××市××路××号
　　邮编：××××××
　　电话：××××××
　　此致
敬礼！

王××（手写）
××××年×月×日

附件（略）

求职信（二）

尊敬的刘经理：

　　我叫×××，今年22岁，是××市××高级技工学校办公自动化专业应届毕业生。贵公司是我市知名企业，我思虑再三，最终鼓足勇气向贵公司求职。

　　我读的是5年制高职班，每门功课均为优良，现已获得计算机操作高级工技能等级证书、国家计算机初级程序员证书，对复印机、传真机等办公设备的使用、维护有较多的实践经验。

　　我有较强的写作能力和组织协调能力。近两年来，已在市报发表通讯报道、竞赛作文11篇，组织校际学生文学社团联谊活动5次，现任市报特约通讯员、校学生会通联部部长和学校晨光文学社社长等职。

　　在校5年中，我被评为校级三好生2次，校级优秀学生干部1次，市级优秀学生干部1次和市级三好学生标兵1次；参加校、市两级专业理论、专业技能竞赛获奖4次。但这一切均已成为过去，在即将踏上社会之际，我更憧憬未来并努力实践。

　　如果我有幸成为贵公司的一员，我会争做一名优秀员工。不管在什么岗位，爱岗敬业都是我的职业准则。如果我暂时还不能进入贵公司，贵公司对员工的素质要求也将是我今后不断加强职业修养的基本标准。

　　随信附上本人的相关资料并时刻期盼着贵公司的回复。

　　此致
敬礼！

求职者：××（手写）
××××年×月×日

应 聘 信

××商场人事部：

　　从招聘广告中得悉贵商场正招聘女营业员，十分欣喜。

　　我是市商业技校营销专业应届毕业生，掌握较为系统的营销理论知识，又在学校实习商场进行过为期一年的实习训练，具备一定的营销实践经验。本人今年19岁，身高1.62米，五官端正，性格外向，善于表达，完全符合贵商场所要求的应聘条件，故来信应聘。

　　随信附上本人资料，恳请贵商场对我进行考察。如能给我一个试工的机会，我将

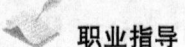 职业指导

用工作业绩来证明自己的能力，回报贵商场对我的信任。

　　此致

敬礼！

应聘者：××（手写）<br>××××年×月×日

## 三、求职信的禁忌

在撰写求职信时，一般应做到：摆正位置，态度真诚；整体美观，言简意赅；富于个性，有的放矢；以情动人，以诚感人。一般来说，求职信有六大禁忌，学生书写时一定要注意避免。

### 1. 忌长篇大论

用人单位不会花很长的时间来阅读求职信，篇幅太长会使招聘单位产生厌烦心理，甚至认为你的概括能力不强。因此，信的内容应以简洁为原则，尽量在一页纸内完成。

### 2. 忌堆砌辞藻

即使你满腹经纶，也不要幻想用华丽的辞藻来打动招聘者。华而不实的语言属于大话、空话、套话，并没有实际的作用。那种虽无豪言壮语，但读来亲切、自然、实实在在的求职信才能给用人单位留下深刻的印象。

### 3. 忌夸大其词

在措辞方面要留有余地，不要说得过于饱和。如"我能适应各种工作""我将会给贵单位带来新的生机"之类的表述，只能给用人单位留下刚出校门还很幼稚的印象。

### 4. 忌缺乏自信

适度的谦虚是一种美德，也会使对方产生好感，但过分的谦虚则是不自信的表现。在写求职信时忌用"虽然我资历不够""虽然我不是名校的毕业生"等语句，因为用人单位关心的是你是否符合招聘岗位的要求。

### 5. 忌千篇一律

书写求职信，要有自己的风格与特点，而不能千篇一律，落入俗套。立意新颖、语言独特以及思考多元化的求职信才能给对方强烈的印象，引起招聘者的注意，进而引发招聘者的兴趣，使自己赢得面试的机会。因此，一定要把自己的强项写出来，将自己的"亮点"展示出来。

### 6. 忌粗心大意

只有经过严格的修改和推敲后的求职信才能收到良好的效果，因此，要重复翻看

求职信，以避免出现错别字和语法错误。资料也要齐全，切记要留下可随时联系上你的电话号码。

**相关链接**

在写求职信时，一般应注意以下几点：

（1）求真务实。写求职信务必本着实事求是的态度，应做到正确介绍自己，对自己的能力、水平、特长应有恰如其分的评价，切不可弄虚作假，虚构自己的学习成绩，也不能夸大自己的工作能力和特长，更不能凭空捏造根本没有的荣誉。

（2）态度诚恳。写求职信要表现出谦虚的品质、诚恳的态度、委婉的语气，做到自信而不自大、自谦而不自卑，让人感觉你的求职是真诚的。

（3）有的放矢。写求职信应讲究分寸。要通过多种渠道尽可能了解招聘单位的基本情况，特别是现状。只有这样，才能针对不同性质的单位及岗位的不同要求写出你现在能做什么，将来能为单位做什么，来表达你对招聘单位的了解和关注，从而赢得招聘单位对你的好感。切忌不问青红皂白地用一种求职信的版本复印后到处投递。

（4）文字精练。求职信是一种功能性很强的应用文本，不是越长越好、越详细越好，而是要思路清晰、简洁明了、重点突出、独具特色。求职信的篇幅一般不应超过一页，同时还要特别注意用词是否得体，语法和标点符号是否准确，并注意字迹清楚，避免出现错别字。一封精练的求职信，配上工整或清秀的书法，既能显露你的才华，又能博得招聘者对你的好感，加深对你的印象。

## 第二节　个人简历的制作

**案例链接**

### 个人简历是成功的第一个保证

孟昭春，人称"孟百万"，擅长做保险大单，曾两个月内连续做7件百万平安长寿大单。2002年1月16日，他在北京签下了1466万元保费的大单。他之所以能成功，听听他的说法。"……在我的讲课生涯中，我经常与我的学员们一起分享我的'两个跨越''三个保证'。所谓两个跨越，一是指从寒带向热带地区跨越；二是指从经济不发达地区向经济发达地区跨越，以寻求青年知识分子的产业报国之路。三个保证：第一，我的一份人生简历。它是我事业上的一块敲门砖。据我下海的第一位老板海南万通集团总裁王功权先生讲，他从事管理工作这么多年，我的简历是他见过的最优秀的。第二，我带了14封关系信函有备而来。第三，怀揣1.5万元存款的长城信用卡，有了它，我坚信万里长城永不倒。"

个人简历是一个人生活、学习、工作、经历、成绩的概括集锦，其真正目的就是让用人单位全面了解自己，从而为自己创造面试的机会。个人简历是用人单位对求职者的第一印象，是用人单位对求职者进行分析、比较、筛选，决定是否录用的

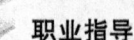

主要依据。从个人简历中，可以看出求职者在能力、性格、经验方面的综合表现。通常情况下，用人单位都是通过简历留下的初步印象，决定求职者能否参加进一步的面试。

个人简历也是求职者对招聘者的第一次自我展示，如果简历能够得到招聘者的关注，就意味着你将获得比他人更多的机会。同时，简历的可塑性很强，它能帮助求职者突出优势、成就和经验，并向招聘人员表明你是值得面试的。

因此，简历最基本、最现实的作用就是：它不仅是求职者用恰当的方法把自己的长处和能力包装起来、展示出来，是累计出的表现个人数据的表格文件，而且是求职者自我推销的绝佳工具。

求职者应当通过简历达到以下目的：建立求职者与招聘者的初次有效联系；告诉招聘者你符合所应聘岗位的条件；尽可能给招聘者留下深刻的良好印象，获得招聘者的初步认同，获取进一步考查的机会。

下面从简历的形式、基本要素、如何撰写简历以及简历的投送方式等几个方面作详细阐述。

## 一、简历的形式

简历从形式上来区分，可分为以下7种：完全表格式简历、半文章式简历、小册子式简历、提要式简历、按年月顺序式简历、功能式简历及创造式简历。当然，这些形式互相之间可交叉重叠。完全表格式简历可以是按年月顺序式的或是功能式的，功能式简历也可有按年月顺序式的特征。下面就每种简历形式的主要特点和优点作简单介绍。

### 1. 完全表格式简历

完全表格式简历综述了多种资料，易于阅读，通常适用于年轻、缺乏工作经历但具有各种资格的求职者，诸如所学课程、课外活动、业余爱好和临时工作等。资历低浅的求职者必须展现各种不同的资历，因为他们不深的资历很少需要分析和说明。

### 2. 半文章式简历

半文章式简历使用较少的表格设计，而使用文字的形式记载，表格的数量和文字记载的长度可予以变化以适应你的需要。你在简历中介绍的详述资料的数量随你的经历而变化。

### 3. 小册子式简历

小册子式简历是一种多页的、半文章式的活页格式简历。这种简历可以有4页、8页，甚至20页。它的主要优点有两个：一是它提供了一种可表述2页或更多资料的便利工具；二是其封面上容纳了一份分别打印、专门设计的求职信。但小册子式简历也有些值得注意的缺点，它需要很多专门的技能去撰写、设计。

## 第四章　求职信与求职简历的写作技巧

### 4. 提要（节略）式简历

提要式简历是一种摘要，它是在完成了一份较长的简历后摘编而成的。经历丰富的求职者会先写一份完整的简历（如2~3页）来概括他的资历，然后再从完整的简历中摘出资历的要点。这种提要式或节略式的简历便成了作为一般性接触用的简历，而详细的简历只有在招聘者要求时才提交。

### 5. 按年月顺序（时间顺序）式简历

有些简历通过按时间顺序排列资料。时间顺序通常是与中国人的习惯相反的，即从最近的时间开始往前推。如在工作经历一栏下，按年月顺序式简历从最新近的工作开始，然后是最新近的工作前面一个工作，以此类推。在教育栏下，按年月顺序式简历也是如此，倒推排列。按年月顺序式简历可以是完全表格式的履历，或是半文章式的简历，也可以是创造式的简历。这种简历有一个很大的优点——未来的雇主们比较喜欢。但这种顺序也并不一定对求职者有利，尤其是在其最新近的工作并不是给人印象最深刻的工作时。

### 6. 功能式简历

有些简历只强调工作的种类（功能），而不含有任何特别的时间顺序。功能式简历的主要优点是突出实际的成就。它的缺点是未来的雇主们不得不自己推算出时间顺序。当然，如果时间顺序对你不利，你便可使用功能式简历。

### 7. 创造式简历

艺术界、广告界、传媒界和其他一些创意需求较高的工作领域的求职者在准备简历时往往会打破标准的简历形式。创造式简历对于这一类的求职者来说是非常有利的，它证明了求职者富有创意并提供了一个创意丰富的例子。创造式简历必须运用想象力，但也必须向招聘者提供他们需要的内容。它只能用于创意需求较高的行业，一般要避免在银行业、商业、交通运输业和制造业运用。

 **案例链接**

#### 简历新形式：报价单

今年刚从某高校新闻专业毕业的程语辉，通过自己的"明码实价"简历，拿到了某知名房地产公司的录用通知。她的简历对自己的能力及不足来了个"明码标价"，乍一看，就像一个"价目表"。她笑着说："这一招助我一路拼杀，找到了现在非常满意的工作！"

#### 求职简历变报价单

基本价值：1 800元——作为一名国家直属重点大学的毕业生，耗费了父母大量的金钱和感情来培养，需要足够的物质支持来回报家人和提供个人生活基本费用，并用

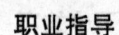

于支付工作技能的进一步发展。

技能价值：-300元——明白自己作为一名新闻学专业的学生缺乏"一技之长"，所能干的工作不具有不可替代性，但在进入某单位经过一段时间的磨炼后，我可以有所发挥。为了感激贵单位给予这个"进门"的机会，认为应该减去300元的月薪。

性格价值：300元——开朗活泼幽默的性格，能最大限度地使一个团体士气高昂，在愉快的氛围中保持工作的高效。

经验价值：-500元——深知自己的经验欠缺，没有独立完成过一次完整的学术研究，也没有组织过大型的社会活动，但作为一个具有扎实的专业知识和较高的综合素质的社会新鲜人，能很快完成从学生到职员的过渡。

……

和其他毕业生的简历相比，程语辉的简历更像一份报价单。她对自己的各项素质进行了具体而客观的评价，一共有10余项，分别给出了或正或负的价值数额。最后，她给自己评定的市场价值是2 000元。

程语辉高兴地说："因为形式新颖，我投去简历的单位几乎都会让我去面试。"

**制胜仍需真才实学**

程语辉所在部门的万经理说："程语辉的简历给我们留下了良好的第一印象。"这也非常符合他们对营销策划人才的要求。但万经理表示，她在后来的笔试及面试中表现出色，这才是她应聘成功的真正原因。

据了解，现在毕业生简历花样繁多。万经理表示，良好的自身素质、过硬的专业技能才是应聘成功的制胜法宝，想靠花哨的简历求职只会弄巧成拙，得不偿失。

## 二、简历的基本要素

简历的基本要素应包括以下几个方面：

### 1. 个人基本情况

简历中提供哪些信息是由求职者自己决定的，但有些信息是必不可少的。如，姓名、出生年月、性别、家庭住址、生源地、政治面貌、身体状况、联系方式（电话号码和e-mail地址）等。

### 2. 教育背景

毕业生的毕业院校、所学专业、学位、学历、主要学习科目（把重点放在与申请的工作有特殊关系的科目上）等情况。

### 3. 求职意向

求职意向包括向往职业的地域、行业、岗位等方面的意向。

#### 4. 本人经历

上学以来的简单经历,主要是学习情况、社会职务或活动、义务性工作(志愿者)、社会性工作、社会实践,以及在这些工作中用到的工作技能等。

#### 5. 知识、技能和品质

这部分主要包括知识结构、智能优势、外语和计算机水平及其他技能证书等。

#### 6. 个人特长及所获荣誉

这部分包括个人兴趣、特长以及三好学生、优秀团员、优秀学生干部荣誉称号,参加各种竞赛所获奖项、各种资格证书及奖学金等。

#### 7. 自我评价

总结自己良好的个性品质。例如,学习能力、沟通能力、解决问题的能力、适应能力、好奇心或创新能力、团队合作精神、积极主动的工作态度、责任心、敬业精神等。

### 三、如何撰写简历

简历一方面要真实地反映出过去的学习、生活经历和成绩,并说明求职者择业的希望,另一方面要对用人单位寻找的关键点做出机敏的反应。

#### 1. 撰写简历应注意的事项

(1) 简短。简历不要太长,一般应届毕业生的个人简历有一页 A4 纸即可。简历中不要出现大段文字。据调查,用人单位花在每份简历上的平均时间不到 1.5 分钟,要想在这短短的 90 秒内迅速抓住招聘者的眼球,简历不做到短小精悍是不行的。

(2) 清晰。简历应一目了然,确保简历的阅读者一眼就能看到他们需要的信息。要使用简单、清晰易懂的语言,而不要写一些高深莫测的语句,尽量不使用缩略语或学生中流行的时髦词汇,若打印,应选择合适的字体和字号。

(3) 用词要准确。简历中的错别字很显眼,并且会直接影响简历阅读者对你的印象。一份简历能看出一个人的语言文字功底和修养,而招聘人员考查应聘者的文字能力、细心程度等方面就是从简历开始的。表达清楚、准确、规范、精练,是简历语言的基本要求。

(4) 整洁。整洁的简历使简历阅读者在看到内容之前就已产生好感,这样才能使之产生阅读的兴趣。因此,打印简历最好用激光打印机,而不要使用效果不佳的油印、复印,并注意保持简历的干净整洁。

(5) 真实。撰写简历既不夸张(自负),也不消极地评价自己(过分谦虚),更不能编造。简历一定要用心设计,有些简历一看就知道是抄袭他人的,有些甚至是明显的张冠李戴。

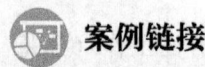 **案例链接**

**简历信息真实最重要**

小王的身高是171厘米，但他听说很多单位招聘的时候对身高有要求，于是就把简历里的"身高"写成了"175厘米"。参加招聘会的时候，为了使自己的身高与简历中的填写相符，他特意穿了一双鞋跟比较高的皮鞋。招聘会上某知名企业正在招聘管理人员，待遇也不错，但就是身高要求在175厘米以上。小王递上了自己的简历，用人单位还专门强调了身高方面的要求，并问他是否确定自己的身高符合要求。为了通过第一关，小王说他绝对符合。招聘人员也比较满意。过了几天，该单位通知他前去面试，小王坐汽车颠簸了几个小时来到位于郊区的该单位，结果面试的第一个内容就是测量身高。由于弄虚作假，小王在面试中第一个被淘汰了。

（6）正确。文字、语法、标点符号等都要正确。简历是求职者的第一张脸，面试官在大多数情况下是先见到简历后见求职者本人。

### 2. 简历撰写中常见的问题或不足

（1）篇幅过长或过短。篇幅过长，显得内容冗长，表达不切题意，会让挑选简历的人失去耐心，从而失去面试的机会；篇幅过短，缺乏必要的信息，使挑选简历的人对求职者认识不全面，也会失去面试的机会。

（2）条理不清。简历布局不合理，结构层次混乱，逻辑不清，会增加阅读与理解上的困难。

（3）目标不明。没有明确的求职方向，也没有表明自己的特长、兴趣爱好等。

（4）不切实际。对自己的评价明显不合实际，太完美无缺，让阅读者产生怀疑，或对薪酬待遇提出过高要求。

（5）版面设计不科学。如版面过于压缩，将行距与段间距压缩得太密，字体太小等。

（6）错别字及语法错误。在简历中出现错别字，有的甚至出现语法错误或逻辑错误。

## 四、简历的投送方式

简历投送的主要方式有本人直接送达、快件或信函投寄、利用网络投送等。

### 1. 本人直接送达

本人直接送达要按照招聘单位指定的时间将自己的求职材料直接送达招聘官。采用此种方式使本人能够利用与招聘官初次面谈的机会，表达选择用人单位的强烈意愿，为自己在众多求职者中脱颖而出创造一个机会。

### 2. 快件或信函投寄

按照指定的时间、地点将自己的个人简历用信函或快件投寄到招聘单位。在信函或快件的封面上注明"应聘"字样和应聘职位，字迹要工整清楚。

### 3. 利用网络投送

招聘官通过电子信箱直接看到应聘简历，并将符合用人单位要求的遴选出来。这种方式省时省力，节约招聘成本，是目前主要的应聘材料送达方式。应聘者最好选择在招聘官上班之前将自己的简历和求职信发送到用人单位指定的电子信箱，但注意不要用附件形式发送简历（由于病毒的威胁，越来越多的公司都要求求职者不要用附件发送简历，甚至有些公司把所有带附件的邮件全部删除）。

 **相关链接**

#### 如何让你的网上简历更"抢眼"

据统计，规模较大的企业一般每周要接收500份至1 000份电子简历，其中的80%在管理者浏览不到30秒钟后就被删除了。要让别人在半分钟内通过一份e-mail对你产生兴趣，其难度与跟用人单位直接见面相比更大，关键在于你是否拥有一份个性化的电子简历。

#### 放大你的"卖点"

简历中有几栏是用来给对方留下深刻印象的，也是决定对方是否给你面试机会的关键。如何写好这几部分的内容很重要，可以从以下几个方面着手：

（1）成绩。以你的骄人业绩去打动未来的雇主。突出你的技能和成绩，强化支持标题。集中对能力进行细节描写，运用数字、百分比等量化手段加以强化。强调动作，避免使用人称代词，如"我""我们"等。

（2）能力。对各方面能力加以归纳和汇总，扬长避短，以你无可争议的工作能力和个人魅力征服未来的雇主。用词应简单明确，观点鲜明，引人入胜。

（3）工作经历。应当包括你所有的工作历史，无论是有偿的还是无偿的，全职的还是兼职的。在保证真实性的前提下，尽量扩充与丰富你的工作经历，但用词必须简练。不要只针对工作本身，业绩和成果更为重要。

（4）技能。列出所有与求职有关的技能，你将有机会向雇主展现你的学历和工作经历以外的天赋与才华。回顾以往取得的成绩，对自己从中获得的体会与经验加以总结、归纳。你的选择标准只有一个，即这一项能否给你的求职带来帮助。

（5）嘉奖。简历中的大部分内容是经历和成绩的主观记录，而荣誉和嘉奖将赋予它们实实在在的客观性。这是一个令雇主注意到你已获肯定的成绩的机会。强调此类奖项是你资历的重要证明，突出此类嘉奖与你所求职务的相关性。

#### 扣人心弦的"开场白"

求职成功最基本的就是要对自己有一个客观全面的了解，然后再根据自身的情况

 职业指导

准备好所需材料，一般包括求职信和简历。求职信是简历的"开场白"。

这个开场白的功能是激发别人有兴趣阅读下文。为了方便公司了解你申请的是哪个职位，并对你有更深的印象，发简历的时候，都应该写一封求职信并同时发出。发任何简历都应该写求职信，这是被许多求职者忽略的原则。求职信的内容包括：

（1）求职目标，明确你所向往的职位。

（2）个人特点的小结，吸引人来阅读你的简历而不要重复简历内容。

（3）表决心，简单有力地显示信心。

在准备求职信时还要注意控制篇幅，要让人事经理无须使用屏幕的滚动条就能读完；直接在邮件内编辑，排版要工整，要做到既体现个人特点又不过分吹嘘；让求职信成为应聘的敲门砖，篇幅适中，切中要害。

求职信和简历都应该用文本格式（txt）来写，这样虽然会限制一些文本修饰功能，如粗体、斜体等，但可以用一些符号来突出重点；注意措辞和语言，信中千万不可有错别字；求职信和简历要一同发送，不要分开；信中有关键词也是很重要的，有些公司会通过关键词搜索来寻找符合他们条件的人选；在你的电子邮件软件里创建并保存一个求职信样式，这样稍加修改就可以用它来申请其他的职位。

### 别让简历成为"格式化"的牺牲品

模块化简历虽然是最简单易行的，但并不能满足不同公司不同的需求，尤其是我国对网上简历并没有一个统一的标准，加上网络病毒的威胁，网上简历必须注意到一些特殊的需要。

（1）有的放矢。人力资源部门总是收到许多不合格的简历，也就是不适合该公司职位的简历。因此，在发简历的时候，你应该注明申请的是何职位，并应该了解你能否胜任这个工作。

（2）不用附件。虽然以附件形式发送的简历看起来效果更好，但是由于病毒的威胁，越来越多的公司都要求求职者不要用附件发送简历，甚至有些公司把所有带附件的邮件全部删除。在这种情况下，尽管你的简历排版极为精心，却可能根本没有人看。在电子简历中一般不要附有发表的作品或论文，因为相当一部分用人单位担心有人利用电子邮件附件传播病毒。另外，用人单位一般不会仔细阅读附带的作品。

（3）美化"纯文本"。不少人事管理者抱怨收到的许多简历在格式上都很糟糕。用e-mail发出的简历在格式上应该简洁明了、重点突出，因为公司通常只看他们最感兴趣的部分。另外还有一个好办法，就是把你制作精美的简历放到网上，把网址告知公司即可。

精心设计纯文本格式的简历，以下一些小技巧可供参考：

一是注意设定页边距，使文本的宽度在16厘米左右，这样你的简历在多数情况下看起来都不需要换行。

二是尽量用较大字号的字体。

三是如果你一定要使自己的简历看起来与众不同，你可以用一些特殊符号分隔简历内容。

## 最大限度地抢夺眼球

网上求职时，主要精力应该放在拥有人才数据库的招聘网站上，要把你的简历放到他们的数据库中，因为用人公司会来这些网站浏览相关内容。总体来说，应该让用人公司带着明确的目的来找你，这要胜过自己向大量公司无目的地发放个人简历。

在申请同一公司的不同职位时，最好能发两封不同的电子简历，因为有些求职网站的数据库软件能自动过滤掉第二封信件，以免造成冗余。

在你发送电子简历时要错过高峰期，上网高峰一般在中午至午夜，这段时间传递速度非常慢，而且还会出现错误信息，因此要择机而动。

## 五、个人简历样例

### 个　人　简　历

姓　　　名：章　雨　　　　　　　性　　别：男
出生年月：1986年10月1日　　　健康状况：良好
毕业院校：×××大学　　　　　　政治面貌：中共党员
学　　　历：大学本科　　　　　　专　　业：人力资源管理
联系电话：(010) 5685××××　　手　　机：138×××××28
e-mail：zhangyu@××.com
通信地址：北京市西城区××大街××号　　邮　　编：100008
社会职务：校学生会副主席、系团支部书记
求职意向：人力资源部经理助理
教育背景：
2004.9—2008.6　　×××大学
2001.9—2004.7　　北京市西城区××中学
主修课程：
高等数学、运筹学、市场营销学、西方经济学、国际贸易、电子商务、推销与谈判、人力资源管理、组织行为学、劳动法、经济法（如需要详细成绩单，请联系我）。
计算机水平：
通过国家计算机二级考试，熟悉网络和电子商务，熟练操作Windows 2007/NT和Office办公软件。能独立完成日常办公文档的编辑工作。
获奖情况：
四次获得校级二等奖学金。
三次获得优秀学生干部和三好学生称号。
实践与实习：

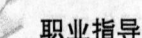 职业指导

2005—2007 年组织学校"五四"青年节大型歌咏比赛,并在比赛中获个人一等奖。

2007 年 7 月至 9 月在×××公司见习工作,主要负责编制公司人员年度培训计划,负责员工的再教育和再培训,以及人力资源统计工作。

自我评价:

热情、努力,善于团队合作,有较强的与人沟通和交际能力。做事踏实,能自觉遵守公司的纪律。

个人简历(表格)

| 姓名 | | 性别 | | 出生年月 | | |
|---|---|---|---|---|---|---|
| 民族 | | 学历 | | 政治面貌 | | 照片 |
| 健康状况 | | 身高 | | 个人爱好 | | |
| 身份证号 | | | 专业 | | | |
| 毕业学校 | | | 联系电话 | | 现任职务 | |
| 通信地址 | | | | | 邮政编码 | |
| 在校所学主要课程 | | | | | | |
| 获得证书及奖项 | | | | | | |
| 个人经历 | | | | | | |
| 主要社会关系 | | | | | | |
| 自我评价 | | | | | | |

第四章　求职信与求职简历的写作技巧

### 相关链接

**求职中易犯的十大错误**

(1) 只找大公司。
(2) 仅通过招聘广告和寄送简历的方式找工作。
(3) 面试前没有做好准备。
(4) 虽被人事部门或人力资源部门面试,而他们的主要目的就是要将你淘汰出局。
(5) 与用人单位之间的面谈没有时间限制。
(6) 在面试中按照简历上的内容交谈。
(7) 在面试中只谈自己以及此项工作能为自己带来哪些好处。
(8) 回答招聘问题的时间在2~15分钟。
(9) 乞求用人单位给你工作机会。
(10) 在面试结束后未表达谢意。

### 作 业 题

1. 写一封求职信。
2. 求职信写作要注意哪些禁忌?
3. 制作一份个人求职简历。
4. 简历的基本要素有哪些?

# 第五章  面试礼仪——用好"通向四方的推荐信"

**案例链接**

上月初，小陈接到了F公司的面试通知。认真准备了一周后，小陈信心十足地前去面试了。

材料准备充分、提前十分钟到达、衣着得体整洁、回答问题干净利落，小陈自认为做得够完美。在和面试官愉快地交流了一段时间以后，面试官提出让他把椅子挪近一些。小陈按照平时的习惯，双手拉住椅子，屁股不离座位，"跳跃"着往前挪。看着眼前的情景，面试官一语未发，只是拿笔在纸上记下了些什么……

一周后，小陈接到了一封"暂时不予考虑"的邮件。虽然没有在面试官那里得到确认，但小陈相信，正是那个挪椅子的动作让自己失去了一个工作机会。

学习成绩优秀，知识技能过硬，那代表你有实力。除了有实力，还需要有合适的着装、自然大方的言谈举止、恰到好处的礼仪，这样才会让你在众多应聘者中脱颖而出。

正如有人说到的那样："礼节和礼貌是一封通向四方的推荐信。"这句话说得有道理。懂礼节、讲礼貌的应聘者，肯定受面试官欢迎。因此，心理学家奥里·欧文斯认为："大多数人录用的是他们喜欢的人，而不是最能干的人。"

既然如此，应聘者有必要学会用好"通向四方的推荐信"，也就是要把握面试礼仪。所谓面试礼仪，就是应聘者参加面试时所应该遵循的行为举止规范。

## 第一节  等候面试时的礼仪

应聘者在等候面试的时候，虽然并没有进入到面试的程序之中，但这个阶段实际上也是面试的重要组成部分，同样疏忽不得。稍有疏忽，也许就有名落孙山的可能。应聘者在等候面试之时，应该注意哪些礼仪要求呢？

### 一、要准时到达面试的地点

遵守预约的时间，准时到达面试的地点，这是面试礼仪的首要之点。应聘者面试违约迟到，会影响面试考官对他的评价。有人就因为迟到了几分钟，而与应聘的单位失之交臂。

怎样才是遵约守时？遵约守时，是指既不能过早，又绝对不能晚到，而是在约定的时间出现在面试的地点。

如果路程较远，担心堵车到晚了，对面试地点的环境又不熟悉，应聘者一定要早

第五章　面试礼仪——用好"通向四方的推荐信"

些动身。但如果早到，不宜过早进入面试的地点，尤其是到外企面试，更要注意。我国驻突尼斯大使李蓓芬曾经讲过她的一段经历：1997年，她在担任我国驻法国使馆新闻参赞、发言人时，曾经应邀到一个法国杂志社社长家吃午饭。因为怕找不到路，她早早就出了门，提前10分钟到达了他家。这位社长打开房门，然后看了一下腕上的手表说："你早到了10分钟，请再稍等一下。"说着，他就把门关上了。10分钟之后，他开门笑容可掬地把李蓓芬迎了进去。二人谈得非常高兴，好像什么事情也没有发生过。

当然，如果事先通知了许多人来面试，并有空闲的房间供应聘者等候，则另当别论。如果没有空闲的房间供应聘者等候，应聘者怕晚点提前动身早到，可以先在楼下等待。保险起见，面试地点比较远，地理位置也比较复杂的，应聘者不妨先去"侦察"一番，看看交通线路，估算一下路上所要花费的时间，并早点动身。早到，应聘者可以等待；晚到，面试考官是不会等待应聘者的。

面试遵约守时，不是小事一桩，它能体现考生的纪律观念和诚信品质。

## 二、对待考务人员谦和有礼

等候面试时，应聘者见到考务人员应该谦和有礼，不要因为他们不是面试考官而怠慢。有时，应聘者也许不知道，某个考务人员就是一个决定他命运的角色。

### 案例链接

某学校组织六位毕业生到一家著名的公司去实习。一天，他们接到通知，说该公司的一位副总要见一见他们。这六位毕业生兴致勃勃地来到公司总部的会议室。在会议室，一位瘦弱的中年男士把他们迎进屋，并请他们坐下。等毕业生坐下之后，这位瘦弱的中年人给他们每个人递上一杯水。他递水时，只有一位毕业生站起来说了一句"谢谢"，并双手接过水杯。瘦弱的中年男士离开之后，公司的副总走了进来。他告诉毕业生们，刚才给他们递水的是公司的老总。结果不用说大家也会猜到，那位说"谢谢"并双手接过水杯的毕业生在实习结束之后留在了该公司，其他的毕业生只好另谋地方了。

## 三、进入面试室前关闭手机

进入面试室之前，应聘者一定要主动将手机关闭，免得铃声一响影响面试。

面试时，有的应聘者认为手机不用关，只要调到震动就可以。在此特别提醒应聘者，面试时，应聘者的手机一定要关闭，因为即使你调到振动一挡，手机振动，面试考官不知道，不影响他对你的评价，但是会影响你的情绪和思路。

# 第二节　面试开始时的礼仪

俗话说："良好的开端是成功的一半。"这是因为，大多数面试考官都有"首因效应"。换句话说，就是第一印象在某种意义上决定着应聘者的面试成绩。所以，应聘者

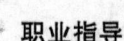
职业指导

对面试初始阶段要多加注意。美国加州大学洛杉矶分校的一项研究表明，个人给他人留下的印象，7%取决于用词，38%取决于嗓音，55%取决于非语言交流。可见，非语言交流有多么重要。在面试中，适当使用非语言交流的技巧，将为你带来事半功倍的效果。应聘者应该注意哪些方面呢？

## 一、轻叩屋门

有的单位面试时，应聘者由考务人员引领进门，有人引领，不存在敲门的问题。但如果没有考务人员引领，应聘者在进入面试房间的时候，要用中指轻声叩门，一般轻轻叩两三下就行。叩门后得到面试考官应允，应聘者方可进入屋内，若是叩门后没有应答，应该等候一两分钟再叩，一定不能直接推门而入。

应聘者进入房间之后，一定要把门轻轻关上。关门时，千万不要弄出大的声响。

## 二、微笑问好

微笑是一朵开在脸上的鲜花，它会令人感觉愉快，可以缩短人与人之间的心理距离，为深入沟通与交往创造温馨和谐的氛围。于是，有人把笑容比作人际交往的润滑剂。

微笑不是交往的技巧，而是一种良好的心态，是自信与开心的自然展现。在笑容中，微笑最自然大方、最真诚友善。怎样的微笑才真实，具有亲和力呢？

### 1. 与脸部表情的结合

当你在微笑的时候要做到"三笑"。
(1) 眼睛笑：眼角柔和地上扬。
(2) 眼神笑：眼神亲切自然，流动着发自内心的笑意。
(3) 嘴笑：嘴角两边微微往上扬，露出6~8颗牙齿，善意、礼貌、喜悦之情在脸上荡漾。

### 2. 与语言的结合

除了脸上展示真诚的微笑，还需要与语言相结合。例如，向面试考官微笑着说"早上好""你好"等。

真正的微笑应发自内心，渗透着自己的情感。毫无做作的微笑才有感染力，才能被视作"参与社交的通行证"。由此可见，笑容是所有身体语言中最直接、最简单、最有力的一种。在面试中，要把握每个机会展露自信的微笑。

进入面试室时，应聘者要主动微笑着向面试考官点头打招呼，礼貌地问候"您好！"。如果不止一位考官，则问"大家好！""各位老师好！"。遇到考官热情地跟你打招呼，应聘者要视具体情况热情地予以回答。

微笑在面试中非常重要。一家公司的人力资源部部长讲，我宁愿聘用一位面带微笑的高中生，也不愿聘用一位脸孔冷若冰霜的博士。

## 三、热情握手

握手是人们相互见面和离别时的礼节，表示欢迎、祝贺和相互鼓励，而且握手的姿势是有一定标准可以参照的。与面试官初次见面时，如果他（她）伸出手，你应行至距对方1米处，双腿立正，上身略向前倾，伸出右手，四指并拢，拇指张开与对方相握，握手时用力适度，上下稍晃动三四次，随即松开手，恢复原状。

握手时，神态要专注、热情、友好、自然，面带笑容，正视对方双眼，同时向对方问候"很荣幸认识你！"。面试中的握手方式还应注意以下四个要素：

（1）握手的准备。见面前先将手机关掉，以免被手机声音打断。若手上有灰尘或手出汗，应提前用随身携带的手帕擦干净，以免握手时令面试官反感。

（2）先后顺序。求职面试时，应等面试官先伸出手，才可以迎上去握手。如面试官没有握手之意，你可以向其点头致意。

（3）握手力度。握手时为了表示热情友好，应当稍许用力，以不握痛对方的手为限度。

（4）握手时间。握手时间的长短可根据握手双方的熟悉程度灵活掌握。初次见面一般应控制在三秒钟以内。时间过短会被人认为傲慢冷淡，敷衍了事。

## 四、站姿端正

在面试中，正确的站姿是站得端正、稳重、自然、亲切。做到上身正直，头正目平，面带微笑，微收下颌，肩平挺胸，直腰收腹，两臂自然下垂，两腿相靠直立，脚跟靠拢，脚尖呈V字形。女士两脚可并拢。站立时，如有全身不够端正、双脚叉开过大、双脚随意乱动等自由散漫的姿势，都会被看作不雅或失礼。

## 五、坐姿端庄

应聘者进入面试房间，不要看到座位就马上坐下，而应该等面试考官示意你入座，你才能坐在考官指定的位子上，并向考官表示谢意。落座后，应聘者一定要注意坐姿端庄，不要跷着二郎腿或抖动双腿。

坐姿包括就座的姿势和坐定的姿势，应该注意的仪态有：

（1）入座礼仪。入座时要轻而缓，走到座位面前转身，轻稳地坐下，不应发出嘈杂的声音。女士应用手把裙子向前拢一下。

（2）坐姿仪态。上身保持挺直，头部端正，目光平视前方或交谈的面试官。坐稳后，身子一般只占座位的2/3。两手掌心向下，叠放在两腿之上，两腿自然弯曲，小腿与地面基本垂直，两脚平落地面。两膝间的距离，男子以两拳为宜，女子两膝两脚并拢为好。

无论哪一种坐姿，都要自然放松，同时面带微笑。面试过程中，不可仰头靠在椅背上或低着头注视地面，身体不可前仰后仰或歪向一侧，双手不应有多余的动作。

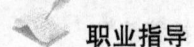
职业指导

双腿不宜敞开过大,也不要把小腿搁在大腿上或反复不断地抖动,更不要把两腿直伸出去。这些都是缺乏教养和傲慢的表现。

## 六、大方得体

面试时,应聘者大方得体非常重要。大方,就是不做作、不拘束,没有小家子气;得体,就是行为举止适当,恰如其分。具体说来:

首先,应聘者进入面试室时,考官请应聘者坐下,应聘者应该大方地坐在考官指定的座位上。

其次,应聘者进入面试室时,如果考官或考务人员问应聘者喝点什么,或问应聘者是喝白开水还是喝茶的时候,要明确地进行选择。有明确的选择,显得你有主见。此时,最忌讳说"随便,什么都行"。

最后,如果有简历、证件等材料要交给考官,应聘者一定要双手奉上,不要单手递交。而且,要保证材料不用翻找就能迅速取出,千万不能翻了半天还找不出来。

# 第三节 面试过程中的礼仪

在面试过程中,应聘者也要注意举止行为的礼仪要求,否则也会影响考官对你的评价。

## 一、眼神自然温和

人们常说:"眼睛是心灵的窗户。"这是再恰当不过的比喻。有时,有声语言无法表述出来的内心世界,能够从人的眼睛里传递出来。

难怪有人说:"眼睛是表现人的内心情感的最直接、最真切、最丰富的器官。"的确,人的喜怒哀乐,都能用眼睛来表达。有的心理学家还得出过这样的结论:人的视线活动概括了70%的态势语言表达领域。在面试中,应聘者和考官是处于互视状态的。不仅考生要通过眼睛来传递信息,考官也要通过应聘者的眼睛来了解应聘者。

应聘者在面试中怎样面对考官呢?礼貌的做法是:用自然、温和的眼光看着考官双眼和嘴部之间的区域。目光停留的时间占全部谈话时间的30%~60%,也就是说,既不死死地盯着考官,也不眼珠滴溜溜地来回转动,看得考官不舒服。

另外,如果考官身体有缺陷,千万不能盯着他的缺陷看,这样既不礼貌,又会使对方感到不自在。

## 二、面容微笑亲切

戴尔·卡耐基曾有一句著名的话:"微笑是友善的信号。"这话是经验之谈。假使两个人站在你的面前,一个人面带微笑,另一个人冷若冰霜,你肯定愿意同面带微笑的人交往,而远离冷若冰霜的人。这是因为微笑能使人的形象可亲而不高傲,微笑能

# 第五章 面试礼仪——用好"通向四方的推荐信"

缩短人与人之间的心理距离。

微笑虽然无声,但无声胜有声,比语言更有表现力。它传递的信息是:我喜欢你,见到你会使我幸福,我高兴看见你。对于一个喜欢你的人,你不会不高兴。正像一位名人所说的:"人人都喜欢喜欢他的人,而不喜欢不喜欢他的人。"

## 三、态度"略卑不亢"

面试时,许多观点都是强调应聘者在面对考官的时候要"不卑不亢"。这种观点,正像有一位考官所讲的:如果一味要求求职者强调个人尊严,灌输求职要"不卑不亢"的观念,恐怕是有"误人子弟"之嫌的,尤其是如今求职特别难的时候,若非市场紧缺或顶级人才,切莫听信"不卑不亢"的建议,因为弄不好你所认为的不卑不亢恰恰是别人认为的"冒犯有加"。

比较好的做法是"略卑不亢",甚至于"有卑不亢"也未尝不可。

**案例链接**

有一位毕业工作了一年的小姑娘前来应征一个秘书的职位,当时面试已近尾声,双方都谈得很愉快。这时,面试官又多问了一个问题:你认为对你来说现在找一份工作是不是不太容易,或者说你很需要这份工作?按常理,如果她当时回答"是的",一切便大功告成。但这位小姑娘可能为了体现她的不卑不亢,便回答说:"我看不见得。"这一下使同时在场的用人单位的人事经理顿时打消了录用她的念头,理由是"此人比较傲"。

建议所有的求职者:如今的就业市场毕竟供大于求,属于典型的买方市场。就业形势如此严峻,何不学乖一点,何必为了虚无缥缈的"不卑不亢"而痛失良机。为了找一份好工作,只要不涉及人的尊严,略卑不亢,说得体面些,"谦虚"一点又何妨呢?

一般来讲,考官都有居高临下的心理,应聘者"略卑不亢"的态度,可以使考官的这种心理得到某种满足。

## 四、说与听的礼仪

在日常生活和工作中,人与人之间需要有必要的沟通理解、帮助和支持。交谈是最常见的与他人认识、沟通、增进了解的方式。交谈主要由说与听组成。

**1. 说的礼仪**

在面试过程中,主动的交谈并传递面试官需要的信息,展示出你的能力和风采。在与面试官交谈时,眼睛要正视对方,要注意对方是否听懂了你的意思、是否对你的话感兴趣。除此之外,还要注意以下礼仪:

(1)发音清晰:咬字准确,语言要简洁、清晰。

(2) 语调得体：说话时应自然、亲切，充满自信。
(3) 声音自然：用真嗓门说话，音调不高不低，不失自我，不仅听来真切自然，而且有利于缓解紧张情绪。
(4) 音量适中：音量以使听者能听清为宜。适当放低声音总比高嗓门听起来顺耳有礼。
(5) 语速适宜：要根据内容的重要性、难易程度及对方注意力等情况调节语速和节奏。说话节奏适宜地减缓比急迫的机关枪式的节奏更容易使人接受。

### 2. 听的礼仪

上天赋予人类两只耳朵，却只有一张嘴，这是暗示人们少讲多听。聆听是一种很重要的礼节，不会听也就无法回答好面试官的问题。好的交谈是建立在聆听的基础上的。在面试过程中，面试官的每一句话都非常重要。你要集中精力认真地听，要记住说话人讲话的重点内容，并了解说话人的希望所在。

一个好的聆听者会做到以下几点：
(1) 记住说话者的名字。
(2) 用目光注视说话者，保持微笑，恰当地点头。
(3) 身体微微倾向说话者，表示对说话者的重视。
(4) 了解说话者所说的主要内容。
(5) 如有不懂之处，就反问确认一下。
(6) 适当地做出一些反应，如点头、微笑、提出相关的问题。
(7) 听完对方的讲述再阐述自己的观点，不要中途打断和打岔。
(8) 不要离开对方所讲的话题，巧妙地通过应答把对方讲话的内容引向所需的方向和层次。

## 第四节　面试结束时的礼仪

俗话说："编筐织篓，全在收口。"这句话强调的是结尾的重要性。面试时，结尾的重要性一点儿也不亚于开始。结尾不注意，也可能功亏一篑。因此，面试时，应聘者要能够做到善始善终。

### 一、将坐过的椅子归原位

面试结束，站起身离开的时候，应聘者一定要记住把自己坐过的椅子归原位。许多人非常容易忽视这一点。有面试考官言，参加过不少的面试，但很少看到应聘者把坐过的椅子归原位，基本上都是站起来就走，这是非常不懂礼节的。

### 二、将使用的纸笔收拾好

面试时，面试单位一般都会在桌子上给应聘者提供几张纸和笔。如果应聘者使用

## 第五章 面试礼仪——用好"通向四方的推荐信"

了它们而且弄乱了,面试结束,应聘者离开座位之前,一定要把它们收拾整齐,摆放好。这不仅是礼节的要求,也是应聘者基本素养的外在反映。

### 三、真诚微笑表达谢意

面试结束,应聘者离开面试房间的时候,一定要真诚地面带微笑向考官表达感激之情。有句话说:"礼多人不怪。"应聘者真诚地以微笑感谢考官,会给考官留下良好的印象。

### 四、面对着门把屋门关上

应聘者面试后走出房间,一定要转过身来面对着门把屋门关上,不要背对着门关门。而且关门的声音一定要轻,声音重了有拂袖而去之嫌。

### 五、向考务人员表达谢意

面试结束时,应聘者仅向考官表达谢意是不够的,还应该向考务人员表达谢意。如果是在公司面试,最好到公司的前台,对前台的服务人员说一声"谢谢"。

宋朝人黄升在他所撰写的《鹧鸪天·张园作》中说:"风流不在谈锋胜,袖手无言味最长。"这两句词的意思是说,一个人是否有风度气质,并不在于他是否能说会道;如果他有才气的话,即使他"袖手无言",他的身姿折射出的信息也是非常具有魅力的。

因此,一个应聘者的行为举止在一定意义上能够反映他的素质状态和修养水平,应聘者一定要有合乎礼仪的行为举止。

## 作 业 题

1. 什么是面试礼仪?
2. 应聘者在等候面试时应注意哪些礼仪?为什么?
3. 在面试开始时,应聘者应注意哪些礼仪?为什么?
4. 请详细表述握手和微笑礼仪。
5. 请详细表述站姿和坐姿礼仪。
6. 面试过程中应注意哪些礼仪?
7. 在面试时,如何理解"不卑不亢"和"略卑不亢"?
8. 简述面试时说和听的礼仪。
9. 面试结束时应注意哪些礼仪?

# 第六章 面试技巧和分析

## 第一节 面试时良好的第一印象非常重要

俗话说:"人不可貌相。"但是,应聘者在参加面试的时候,千万不要对这句话信以为真,如果信以为真,就会忽视自己的外在形象,而忽视了你的外在形象,你的面试成绩必定要受到很大的影响。这是因为,考官们在面试应聘者的时候,几乎毫不例外地要对应聘者进行"貌相"。一个衣冠不整的应聘者,在面试中肯定不会获得好成绩。

由此可知,面试时应聘者给考官留下一个良好的第一印象非常重要。那么,应聘者面试时,怎样才能给考官留下良好的第一印象呢?

### 一、仪容要美

仪容是指一个人的外观、外貌。如面庞、头发、身体、双手等部位。

应聘者要想给面试考官留下良好的第一印象,首先仪容要美,因为美的仪容令人赏心悦目。谁不喜欢赏心悦目的人呢?考官当然也不例外。话又说回来,也没有哪一个人不愿意自己有一个美好的形象,应聘者自然也不例外。一般来讲,美的仪容有两种情形:

一是自然美。天生丽质或英俊漂亮,父母给的条件不错,是仪容的自然美。

二是修饰美。但如果天生的条件不好,而通过修饰变得后天丽质、英俊漂亮,则是仪容的修饰美。

应聘者如果是天生丽质或英俊漂亮,你不仅要感谢你的父母,还要爱护珍惜。但如果不是天生丽质或英俊漂亮,你也不要埋怨你的父母,你不妨后天下点功夫,因为通过修饰,你的仪容照样也会很美。

怎样才能修饰而美呢?仪容要修饰而美,应聘者需要注意以下几个问题:

#### 1. 体味清新

应聘者在去参加面试之前,一定要认真地洗个澡,将身体的油垢和汗臭味洗掉,然后,换上干净整洁的衣服和鞋袜,体味清新、神清气爽地去面试。如果一个应聘者先天条件不错,但浑身散发着难闻的气味,则他的先天条件也被这气味给散发掉了。

#### 2. 面庞洁净

面庞是一个人对外的"窗口"。面试之前,应聘者一定要注意将面庞清洗干净,特别要注意自己的"卫生死角"。鼻孔、眼角不要有分泌物,耳朵、脖颈不要有污垢。除了清理"卫生死角"之外,男士应聘者还需要把脸上的胡须刮干净,将鼻孔和耳朵外显露出来的须毛剪除掉,否则,让它们留在外面"观风景",会影响应聘者的外在形象。

面庞干干净净的应聘者,不仅能让应聘者自身容光焕发,增强自信,还会获得考官的好感,给应聘者的外在形象打个好分。

### 3. 化妆淡雅

面试前,不管是男生还是女生,都应该将自己美化一下。男生美化一下,会让你更加英俊;女生美化一下,会让你更加靓丽。美化不是说让你浓妆艳抹,而应该是自然淡雅。自然淡雅,能体现出应聘者发自内心的健康。

一位化妆大师说得好:"化妆就像我们日常吃饭一样,永远不能过分,要适可而止,八成便足够了。"这句话可作为应聘者化妆的标准尺度。具体来说:

男生在面试前,一定要在面庞上涂一点面霜,让面部的皮肤滋润、有光泽。滋润、有光泽的皮肤能让应聘者显得容光焕发。如果应聘者的嘴唇干燥,可以用唇膏来滋润一下。

女生在面试前,一定要化点淡妆。宋代著名文学家苏东坡有诗云:"淡妆浓抹总相宜。"化妆有浓妆淡妆之分,在面试的场合,女生一定要化淡妆。

"清清淡淡总是真。"应聘者如果化成了京剧脸谱,或者像涂抹泥子一样涂了一层厚厚的粉底,会给考官留下不佳的印象。

### 4. 头发长短适度

亮丽柔软的头发是青春活力的象征。应聘者在面试前,应该把自己的头发修整好,特别要注意头发长短适度。

男生不要剃光头。头发的长短最好是前不要挡住额头,侧不要遮住耳朵,后不要碰到衬衣的领子。这就是所谓的"前不附额、侧不掩耳、后不及领"。

女生不要理寸头。理寸头会混淆性别界限,失去女性妩媚的特点。但头发也不宜过长,如果过长,最好用一个漂亮的发带把它扎起来。

### 5. 口腔卫生

注意口腔卫生,这在日常生活中是对每一个文明人的基本要求。而作为应聘者,更需要注意自己的口腔卫生,以免因为自己的不注意、不在意,影响自己的形象。

应聘者在面试前的那顿饭一定不要吃葱、蒜、韭菜等异味强烈的食物。临去面试前,最好刷一次牙,或漱漱口,对着镜子看看自己的牙缝中是否有食物残渣。

### 6. 双手干净

在面试中,应聘者的双手也是不容忽视的重要部位。曾见过周恩来总理的印度大使潘尼迦回忆道:"我首先注意到的是他那双手。它们不仅得到精心保养,而且就像中

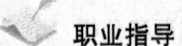
职业指导

国人描绘的那样,每个手指如同细嫩的葱芽。他用它们打着手势,产生出巨大的效果。"潘尼迦大使的描述让我们感受到人们彼此见面时双手的重要性。

当然,考官不能要求所有考生的双手都能保养得细嫩柔软,但考官可以要求所有应聘者的双手都清洁、干净,不留长指甲,指甲缝中不存污垢。

因此,考生在面试前,一定要用温水把自己的手彻底清洗,将手指甲存的泥垢去掉,让自己的双手干净、清洁。一定要看看自己的指甲是否太长,如果太长,就要修剪好。

## 二、衣着得体

俗话说:"人是衣服,马是鞍。"在人际交往中,人们的着装不仅在一定程度上反映着一个人的个性特点、社会阶层、文化素养和审美品位,也传递着一个人的思想和情感。

世界知名的服装心理学家高莱讲:"着装是自我的镜子。"世界著名的文学家莎士比亚说:"一个人的衣着就是其自身修养形象的说明。"推而言之,面试时应聘者的着装是自我的镜子,也是自身修养最形象的说明。因此,应聘者要想给考官留下良好的第一印象,就不能不注意自己的着装。

对于应聘者而言,着装最重要的是得体。怎样才是得体?得体的服装需要注意以下几点:

### 1. 衣着整齐洁净

衣着得体,首先要整洁。如果服饰虽然是名牌,但皱巴巴的,怎么也说不上得体。应聘者衣着不整洁,会影响考官对他的评价态度。

因此,应聘者在去面试之前,一定要先对着镜子整理一下自己的着装。看看扣子扣没扣上,鞋带系没系上,裤锁拉没拉上。瞧瞧衣领脏没脏,衣袖污没污,皮鞋擦没擦。这些都检查过了以后,没有发现什么问题,再精神抖擞地去面试。如果有问题,赶紧想办法解决。

### 2. 着装大方协调

有的应聘者在着装上有误区,以为着装只要是时髦、名牌就好。于是,他便不惜花大价钱去购置名牌服装,希望通过自己的名牌衣着来给自己的面试增加分数。

其实,面试的衣着是否名牌,并不重要。重要的是,应聘者的着装是否大方协调。最美的服装,应该是大方而协调的服装。如果眼睛只盯着名牌,搞不好名牌还会带来负面效应。如果一个还没有走上社会、没有工资来源的学生,浑身上下都是名牌,他的装束会引起考官的"思考"。

应聘者的着装怎样才能大方协调?若想大方协调,应聘者应该注意以下几点:

(1) 穿自己的衣服。有人说,应聘者在面试的时候如果自己没有合适的衣服,可以跟别人借,这有"误人子弟"之嫌。面试时,你千万不要去借别人的衣服穿,宁愿借钱去买,也不要借别人的衣服。穿别人的衣服,你举手投足都会觉得别扭。当你举手投足都觉得别扭时，你的穿着显示出的就只能是拘谨，而不是大方了。而且要是因为怕把别人的衣服给弄脏了，你就会把注意力集中在你的服装上，从而影响你对面试题的思考。

（2）穿适合的衣服。穿适合的衣服，就是适合自己的性别、年龄、身份、肤色和形体的衣服。适合自己才是最好的。同样的衣服穿在不同人的身上，效果会有很大的不同。鲁迅先生就曾经讲过，人瘦不要穿黑衣裳，人胖不要穿白衣裳。脚长的女人一定要穿黑鞋子，脚短的一定要穿白鞋子。方格子的衣裳胖人不能穿，但比横格子的要好。横格子的，胖人穿上，就把胖子更往两边裂，更显横宽了。胖子要穿竖条子的，竖的使人显得长，横的使人显得宽。

注意，要是夏季，千万不要穿着短裤去面试。

# 第二节　洞察考官心理，有效应对面试

## 一、考官的首因效应与考生的应对策略

首因效应，又称"第一印象的作用"。这里所说的"首因效应"，是指考官首次与应聘者接触时在头脑中形成并占据着主导地位的印象。

首因效应的本质是先入为主。先入为主的第一印象是考官普遍的主观性倾向。这种主观性倾向会直接影响到以后考官对应聘者的整体评价。考官的首因效应是如何形成的？应聘者如何应对考官的首因效应呢？

### 1. 考官首因效应的形成因素

心理学实验表明，陌生人首次见面，3分钟就能决定彼此的好坏印象，而最初的45秒尤为重要。

面试中，考官通过哪些因素对应聘者形成第一印象呢？一般来讲，首因效应的形成因素体现在：

（1）穿着打扮。一般来讲，应聘者走进面试室，映入考官眼帘的首先是他的穿着打扮。应聘者穿着得体，会给考官留下良好的第一印象；如果穿着不得体，第一印象的评价就会大打折扣了。

（2）行为举止。应聘者从开门走进面试室起，其一举一动都在考官的视野之下。行为举止得体的考生，考官会认为他懂礼貌、素质高，从而形成良好的第一印象，反之，第一印象就会很糟糕。

### 2. 考生应对考官首因效应的策略

既然考官首因效应的形成因素主要是应聘者的"穿着打扮"和"行为举止"，那么，应聘者应对考官首因效应的策略，就应该从这两个方面入手。也就是说，在面试的时候，应聘者要做到三点：

（1）容貌美好。美国前总统林肯在主政期间，一位朋友向他推荐了一位内阁成员

人选。林肯见了那个人一面之后，拒绝了朋友的推荐，理由是：我不喜欢他那副面孔。朋友很生气，责怪林肯以貌取人，将一个才华横溢的人拒绝了。他对林肯说："你这样做太苛刻了，任何人都无法为自己天生的脸负责。"林肯听了他的话，对他说："不，你错了。一个人过了30岁，他虽然无法为自己天生的脸负责，但他应该对自己后天的容貌负责。"

应聘者要想让考官对自己有一个良好的第一印象，就得对自己后天的"容貌"负责。

（2）打扮得体。在元代，曾经发生过这样一个故事：一天，元世祖召见了一位名叫胡石塘的书生。胡石塘虽然有些学问，但却不修边幅。即使是元世祖召见他，他也照旧是衣着不整，连头上的帽子都是歪戴着的。见面时，元世祖问他都学了些什么，胡石塘回答说他学了"治国平天下之学"。听了他的回答，元世祖笑着说："自己的一顶帽子都戴不端正，还能平天下吗？"不用说，胡石塘最终因为帽子歪戴而失去了在仕途发展的机会。

（3）举止得当。

## 二、考官的自负心理与考生的应对策略

有的考官具有自负心理。这种心理的主要特征，就是认为自己的能力强，一般人都不如自己。因此，对自己的观点固执己见，不愿意改变自己的看法。遇到跟自己相左的观点，就难以认同。

### 1. 考官自负心理的形成因素

考官之所以会存在自负心理，一般来说，有两大主要因素：

（1）仕途或学术事业一帆风顺。考官一般都是具有一定的领导职务或学术上有一定造诣的人。仕途或学术上的一帆风顺使他们非常自信。这种非常自信如果超过了一定的"度"，也就变成了自负。

（2）考官的特殊地位。在面试中，考官处于主导地位，他的评价从某种意义上来讲，决定着应聘者的"前途命运"，因此，考官容易产生居高临下的自负心理。

### 2. 考生应对考官自负心理的策略

考官的自负心理，对考生来讲是一个非常大的挑战，因为自负的考官是"唯我独对""唯我独尊"。那么，作为应聘者，应该采取什么样的策略来应对考官的自负心理呢？

（1）谦虚。有自负心理的人，都喜欢谦虚的人。中国有句俗话："功高不盖主。"你的本事再大，也不要显得你比考官还"牛"。因此，应聘者在面试时还是谦虚一点为好。

（2）谨慎。谨慎，就是话语或举止不要让考官感觉到你对他不尊重。凡是自负的人都特别自尊。如果有人触动了他的自尊，自然是没有好结果的。

## 三、考官的晕轮效应与考生的应对策略

晕轮效应,又称光环效应。它是指一个人的突出特征会像耀眼的光环一样引起人们的重视,从而使人们对他的其他品质视而不见,并进而影响对他的整体评价。这实质上就是俗话所说的"一俊百俊,一丑百丑"。

### 1. 考官晕轮效应的形成因素

考官在评价应聘者的时候为什么会产生晕轮效应?这实际上跟考官主观上的两个因素有关:

(1) 看问题具有片面性。有的考官看问题只注意个别特征,习惯于以个别推及一般、由部分推及整体。看到某个应聘者好的特征,就推断这个人完美无缺;看到某个应聘者不好的特征,就判断这个人是"朽木不可雕也"。而事实上,个别特征并不反映事物的本质。

(2) 看问题具有表面性。面试时,考官与应聘者多是第一次接触,因此,考官对应聘者的了解处于感觉、知觉阶段。在这一阶段,考官对应聘者的评价容易受自身感觉的表面性的影响,从而对应聘者的认识仅仅专注于一些外在特征上。

### 2. 考生应对考官晕轮效应的策略

在面试中,原则上要求考官一定要特别注意防止晕轮效应的干扰,对人的评价要客观公正,既不要以功掩过,也不要以过掩功。而事实上,考官也是人,不是神,受自身素质的影响,晕轮效应还是存在的。

在面试中,应聘者不可能改变考官,能改变的只能是自己。因此,面对考官的晕轮效应,应聘者要学会应对。

实际上,晕轮效应是一把双刃剑。应聘者应该学会利用晕轮效应,同时避免晕轮效应对自己的伤害。

(1) 尽量展示自身的优势。应聘者在面试时,应该尽量将自身的优势展示出来,以博得考官的赏识。当然,这并非是要应聘者去弄虚作假,欺骗考官,而是善于将自己良好的素质展现出来,让考官了解。

(2) 不要急于把不容易被人马上认可的特征表现出来。如果应聘者过早地将自己不容易被人马上认可的特征表现出来,容易使考官出现晕轮效应。在这种晕轮效应的作用下,考官会以偏概全,从而影响应聘者的面试成绩。

## 四、考官的伯乐心理与考生的应对策略

应该说,凡是参加面试的考官,一般都有"伯乐心理",除非他的心理有问题。所谓伯乐心理,就是考官期望通过自身的抉择而为用人单位选拔出最好人才的心理。考官的伯乐心理,是一种积极的心理状态。作为应聘者,要学会利用考官的这种积极的心理状态,以使自己在面试中脱颖而出。

**1. 考官伯乐心理的形成因素**

一般来讲，考官在面试中伯乐心理的形成，主要基于以下的原因：

（1）目的所在。作为考官，他在面试中的目的就是为用人单位选拔人才。这种工作目的要求他必须是"伯乐"，而不能是"武大郎"。

（2）责任所在。一个负责任的考官，他非常明确自己在面试中的责任就是要将德才兼备的"千里马"选拔出来，让他在用人单位发挥作用。

**2. 考生应对考官伯乐心理的策略**

常言道："千里马常有，伯乐不常有。"考官具有伯乐心理，对于应聘者来讲是好事。只要你有实力，考官就会慧眼把你相中。那么，应聘者怎样利用考官的这种伯乐心理呢？

（1）尽量将自己的优势展现出来。应聘者将自己的优势展现出来，会让考官形成这样的心理暗示：若是不录用这位应聘者，就是失职。

（2）表达强烈的求职意愿。应聘者表达强烈的求职意愿，会强化考官录用他的理由。有一位被同学称为"面霸"的考生，在向其他同学介绍经验时说："我有一条重要的经验，就是向面试考官表达自己强烈的求职愿望。"

## 第三节 结构化面试的应对技巧

结构化面试，是指面试前就面试的题目、试题的评分标准及评分方法、考官构成等一系列问题进行系统的结构化设计的面试方法。它以考官提问、应聘者作答的方式进行。

一般而言，结构化面试从测试的内容上看，主要分为自我介绍、人际关系处理、理解认识、言语表达等类型。

设置这类试题的目的，是让考官了解应聘者的基本情况，考查应聘者的自我认知能力、求职动机与所拟任岗位的匹配性。

### 一、个人基本情况

虽然应聘者在简历上已经介绍过自身的基本情况，但有的用人单位为了印证其真实性，也在结构化面试中要求应聘者介绍自己的基本情况。例如，请你做个自我介绍，时间不超过2分钟。

**1. 准备建议**

应聘者要很好地回答个人基本情况介绍方面的面试题，需要做好以下几方面的准备：

（1）准备好简历。应聘者在投简历之前，一定要把简历认真准备好，因为简历是应聘者的第一张名片。第一张名片如果出现问题，就会影响到应聘者后面的结果，甚至会没有结果了。

（2）熟悉简历。在面试之前，应聘者在准备个人介绍类试题时，一定要把自己先前投递的简历认真看几遍，按照其内容做准备，以免出现相互矛盾的内容。

（3）熟记在心。自我介绍的内容虽然不能脱离简历，但也不要完全拘泥于简历，而应该以简历为蓝本，进行高度的概括。这就需要应聘者把要在面试中介绍的内容整理成文，把它熟记在心。熟记在心，应聘者在面试中就可以从容地把自己介绍给考官了。

**2. 答题思路**

一般来说，遇到自我介绍类的面试题，应聘者应该本着这样的思路来回答问题：

（1）对考官表示谢意。在面试中，自我介绍类的试题一般都是第一道题，因此考生有必要在介绍自己之前，对考官表示谢意。这是拉近应聘者与考官心理距离的一条有效途径。

（2）报出姓名和身份。虽然简历中已经有了应聘者的姓名和身份的情况，但主动报出，不仅是礼貌的需要，也是加深考官对应聘者印象的途径。当然，如果有要求不要报姓名则不能报，报了则犯规。

（3）介绍学历。主要介绍自己毕业于什么学校，学的什么专业。要注意介绍你的最高学历。

（4）介绍工作经历。主要介绍自己在哪里从事过什么工作。如果是应届毕业生，可以说自己在哪里实习过，在学校担任过什么工作。

谈工作经历或实习经历，即使应聘者的工作经历非常丰富，也不必全部一一说出来，而应该挑选重要的或者与自己所报岗位相关的经历进行介绍。

（5）介绍获奖情况。应聘者如果有获奖的成果，别忘了介绍出来，因为这是对自身价值的最好说明。要注意，如果没有，千万不要虚构成果，弄几个假的欺骗考官。

（6）自身的突出特点。所谓自身的突出特点，就是应聘者所具有的优势与不足。虽然优势在介绍学习、工作经历时已经涉及了，但还是要再概括一下自己的突出优势，并谈一条不足之处。

### 实例解析

#### 例题：请简单地介绍一下自己

各位考官：

大家好！

非常感谢你们给我提供了这次面试的机会。下面，把我的个人情况向大家作一简要介绍。

我叫王凯，今年18岁，2010年7月毕业于××技师学院现代成型加工技术专业。在校期间，我学习了金属材料与热处理、钣金展开、焊工基础知识、钢制零件的焊补、冶金设备结构焊接制作、中低压容器管道焊接制作、建筑钢结构焊接制作等主要专业课程，学习成绩优秀，并担任班长。特别是在实习期间，掌握了主要焊接技术，

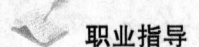
职业指导

并代表学院参加全国技术大赛获二等奖。

我认为,我的突出特点是擅长实际操作,并具有一定的组织管理能力,不足之处是缺乏对复杂问题的处理能力。

以上就是我的基本情况。谢谢各位考官!

## 二、优势和不足

优势和不足,也是结构化面试自我介绍类试题常考的题目。

例如,谈谈你个人的优势。结合自身经历说说报考该职位有何优势和不足。

### 1. 准备建议

对于谈优势与不足的面试题,应聘者在准备的时候一定要把握以下几点:

(1) 全面地进行自我分析。在面试之前,应聘者要准备这种类型的试题,需要对自己作一个全面的分析,看看自己有哪些优势、有哪些不足。然后,针对竞聘岗位,找出自己重要的三条优势,再找出一条不影响岗位工作的不足。

(2) 坚持实事求是的原则。不管是谈自己的优势,还是谈自己的不足,都应该本着实事求是的态度。不夸大自己的优点,也不避讳自己的不足。

(3) 千万不要欺骗考官。有观点认为,在谈不足时,最好说表面看上去是缺点,但从工作角度看却是优势的问题。这种说法非常不可取。应聘者如果按照这种说法做,耍这种小聪明,会聪明反被聪明误,因为这种做法等于欺骗考官。考官不是傻瓜,这种小伎俩很容易就会被他识破。人无完人,哪个考官都不会不明白。事实上,考官让应聘者谈不足,就是想看看应聘者的自我认知能力与诚实度。

(4) 围绕竞聘岗位谈优势。应聘者介绍自己优势的时候,一定要紧紧围绕竞聘的岗位来谈。即使是你自己引以为荣的优点,也要忍痛舍弃,以突出重点。一般来讲,谈三条优点就可以。

(5) 避开竞聘岗位谈不足。应聘者谈优势,一定要紧紧地围绕竞聘的岗位来谈,而谈不足,则一定要避开竞聘岗位来说。而且说出不足之后,要表示自己正在努力改进。

(6) 要学会用事实来证明。应聘者不管是谈优势还是不足,都要注意不要凭空而言,凭空而言缺乏可信度,而应该用具体的事实来证明你对自己的判断与评价。

### 2. 答题思路

对于介绍优势和不足的面试题,应聘者可以参考下面的思路来回答:

(1) 讲政治思想。不管应聘者参加哪一种面试,讲政治是首要的。

(2) 谈道德品质。道德是做人为政的根本。道德包含的内容很多,如忠诚、诚信、廉洁、有责任心等。应聘者可以选取其中几项重点来谈。

(3) 说工作能力。应聘者谈了政治、道德层面的优势后,接着就应该找出自己能力的强项。考生也许具有各方面的能力,但找出一条适应拟聘职位的突出能力来强调就可以了,如实际操作能力强、善于沟通等。

（4）言不足之处。应聘者在讲完以上三个方面的优势之后，接着就应该指出自身的不足之处。

### 实例解析

#### 报考该职位（某公司秘书）你有什么优势和劣势

我认为，报考这一职位我有三点优势：

一是我有一定的政治理论水平。在校期间，德育课程的学习以及积极参加学校组织的各项政治活动，使自己树立了正确的政治观念。

二是工作认真、有责任心。在实习期间，单位领导让我审读10万字的年鉴，我反复阅读了4遍。该书出版后，没有任何错误的地方，受到实习单位领导的表扬。

三是具有较强的文字功底，尤其熟悉公文写作。

尽管报考秘书工作我有以上三点优势，但也有不足之处需要改进和完善。我认为，我最大的不足就是知识面不够宽。今后，我会注意通过学习来弥补不足。

## 三、求职动机

在结构化面试中，求职动机类试题的设置，主要是想了解应聘者报考这个职位的目的。

为什么要了解应聘者的报考目的？"一个人的求职目的与拟任职位所能提供的条件相一致时，个体胜任该职位工作并稳定地从事该工作的可能性较大。"所以，许多用人单位在面试时常常会考查求职动机。例如，你认为求职要素包含哪些？请你谈谈报考该岗位的动机。

### 1. 准备建议

应聘者要回答好求职动机类试题，在面试之前需要做好以下准备：

（1）了解基本情况。所谓了解基本情况，就是要了解自己所报的职位应该具有哪些通用能力，应该具备哪些基本素质。

（2）进行职位调研。进行职位调研，就是对自己所报职位所属的行业类别进行一定的研究，找出这个职位所需要的特殊素质。

### 2. 答题思路

在结构化面试中，应聘者遇到求职动机类的试题，应该如何回答呢？

实事求是地讲，每个人有每个人的不同情况，情况不同，报考的动机也是各不相同的，答案不可能完全一致，但准备和答题的基本思路应该是一致的：

（1）对报考职位的认识。应聘者在回答这一问题的时候，首要之点就是要结合自己的职业理想或价值观来明确表达自己对所报职位工作的认识和兴趣。也就是说，要突出正确的价值观和价值取向。

(2) 说明素质和能力。应聘者要紧紧围绕着自己所报考的职位来说明自己所具备的素质和能力。

(3) 个人理想、价值的实现。每个人都有不同的理想和价值追求。如何实现自己所追求的理想和价值，是每个人都要面对的一道人生思考题，应聘者也不例外。在回答求职动机的时候，应聘者可以从个人理想、价值的实现来谈。

(4) 实际的理由。认为该职位工作稳定、收入高。

(5) 表明态度。最后，应聘者要表明如果自己被录取应该如何做。

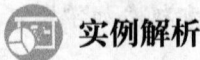 **实例解析**

## 说说你报考汽车维修工的理由

各位考官：

我是基于以下几个原因报考汽车维修工的。

第一，我认为随着我国综合国力的不断提升，汽车行业得到了迅猛发展，拥有汽车的单位和家庭越来越多，因此，汽车维修是一个朝阳产业。如果能成为其中的一员，我将为此感到荣幸。

第二，我毕业于汽车维修专业，三年的学习和实践经验，使我具备了汽车维修岗位所需要的专业知识和实际操作技能，且本人有汽车维修专业中级职业资格证书。

第三，本人具有工作细心、不怕吃苦、对人热情的优良品质，适合从事这种服务性技术工作。

第四，成为一名汽车维修工，是我多年的理想和目标追求。我认为，在这个岗位上，我能充分发挥自己的所长，更好地为国家为社会做贡献，在奉献中也能实现我的理想和价值追求。

第五，汽车维修岗位工作和收入比较稳定。

正因为以上几点，我选择了报考汽车维修工岗位。如果我能成为其中的一员，我一定勤奋工作，做一名优秀的汽车维修工。

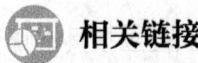 **相关链接**

## 15个经典面试问题回答思路

面试过程中，面试官会向应聘者发问，而应聘者的回答将成为面试官考虑是否接受他的重要依据。对应聘者而言，了解这些问题背后的用意至关重要。这里对面试中经常出现的一些典型问题进行了整理，并给出相应的回答思路和参考答案。同学们无须过分关注分析的细节，关键是要从这些分析中"悟"出面试的规律及回答问题的思维方式，做到"活学活用"。

问题一：请你自我介绍一下。

思路：

(1) 这是面试的必考题目。

(2) 介绍内容要与个人简历相一致。

(3) 表述方式上尽量口语化。
(4) 要切中要害，不谈无关、无用的内容。
(5) 条理要清晰，层次要分明。
(6) 事先最好以文字的形式写好背熟。

问题二：谈谈你的家庭情况。

思路：

(1) 家庭情况对于了解应聘者的性格、观念、心态等有一定的作用，这是招聘单位提出该问题的主要原因。
(2) 简单地罗列家庭成员。
(3) 宜强调温馨和睦的家庭氛围。
(4) 宜强调父母对自己教育的重视。
(5) 宜强调各位家庭成员的良好状况。
(6) 宜强调家庭成员对自己工作的支持。
(7) 宜强调自己对家庭的责任感。

问题三：你有什么业余爱好？

思路：

(1) 业余爱好能在一定程度上反映应聘者的性格、观念、心态，这是招聘单位提出该问题的主要原因。
(2) 最好不要说自己没有业余爱好。
(3) 不要说自己那些庸俗的、令人感觉不好的爱好。
(4) 最好不要说自己仅限于读书、听音乐、上网，否则可能令面试官怀疑你性格孤僻。
(5) 最好能有一些户外的业余爱好来"点缀"你的形象。

问题四：你最崇拜谁？

思路：

(1) 最崇拜的人能在一定程度上反映应聘者的性格、观念、心态，这是面试官提出该问题的主要原因。
(2) 不宜说自己谁都不崇拜。
(3) 不宜说崇拜自己。
(4) 不宜说崇拜一个虚幻的或是不知名的人。
(5) 不宜说崇拜一个明显具有负面形象的人。
(6) 所崇拜的人最好能与自己所应聘的工作"搭"上关系。
(7) 最好说出自己所崇拜的人有哪些品质、思想感染着自己、鼓舞着自己。

问题五：你的座右铭是什么？

思路：

(1) 座右铭能在一定程度上反映应聘者的性格、观念、心态，这是面试官提出该问题的主要原因。
(2) 不宜说那些易引起不好联想的座右铭。
(3) 不宜说那些太抽象的座右铭。

（4）不宜说太长的座右铭。

（5）座右铭最好能反映出自己的某种优秀品质。

（6）参考答案——"只为成功找方法，不为失败找借口。"

问题六：谈谈你的缺点。

思路：

（1）不宜说自己没缺点。

（2）不宜把那些明显的优点说成缺点。

（3）不宜说出严重影响所应聘工作的缺点。

（4）不宜说出令人不放心、不舒服的缺点。

（5）可以说出一些对于所应聘工作"无关紧要"的缺点，甚至是一些表面上看是缺点，从工作的角度看却是优点的缺点。

问题七：谈一谈你的一次失败经历。

思路：

（1）不宜说自己没有失败的经历。

（2）不宜把那些明显的成功说成是失败。

（3）不宜说出严重影响所应聘工作的失败经历。

（4）所谈经历的结果应是失败的。

（5）宜说明失败之前自己曾信心百倍、尽心尽力。

（6）说明仅仅是由于外在客观原因导致失败。

（7）失败后自己很快振作起来，以更加饱满的热情面对以后的工作。

问题八：你为什么选择我们公司？

思路：

（1）面试官试图从中了解你的求职动机、愿望以及对此项工作的态度。

（2）建议从行业、企业和岗位这三个角度来回答。

（3）参考答案——我十分看好贵公司所在的行业，我认为贵公司十分重视人才，而且这项工作很适合我，相信自己一定能做好。

问题九：对这项工作，你有哪些可预见的困难？

思路：

（1）不宜直接说出具体的困难，否则可能令对方怀疑应聘者能力不足。

（2）可以尝试迂回战术，说出应聘者对困难所持有的态度——工作中出现一些困难是正常的，也是难免的，只要有坚韧不拔的毅力、良好的合作精神以及事前周密而充分的准备，任何困难都是可以克服的。

问题十：如果我录用你，你将怎样开展工作？

思路：

（1）如果应聘者对于应聘的职位缺乏足够的了解，最好不要直接说出自己开展工作的具体办法。

（2）可以尝试采用迂回战术来回答，如"首先听取领导的指示和要求，然后就有关情况进行了解和熟悉，接下来制订一份近期的工作计划并报领导批准，最后根据计划开展工作"。

# 第六章 面试技巧和分析

问题十一：与上级意见不一致，你将怎么办？

思路：

（1）一般可以这样回答："我会给上级必要的解释和提醒，在这种情况下，我会服从上级的意见。"

（2）如果面试你的是总经理，而你所应聘的职位另有一位经理，且这位经理当时不在场，可以这样回答："对于非原则性问题，我会服从上级的意见，对于涉及公司利益的重大问题，我希望能向更高层领导反映。"

问题十二：我们为什么要录用你？

思路：

（1）应聘者最好站在招聘单位的角度来回答。

（2）招聘单位一般会录用这样的应聘者：基本符合条件，对这份工作感兴趣，有足够的信心。

（3）可以这样回答："如果我符合贵公司的招聘条件，凭我目前掌握的技能、高度的责任感和良好的适应能力及学习能力，我完全能胜任这份工作。我十分希望能为贵公司服务，如果贵公司给我这个机会，我一定能成为贵公司的栋梁！"

问题十三：你能为我们做什么？

思路：

（1）基本原则上"投其所好"。

（2）回答这个问题前，应聘者最好能"先发制人"，了解招聘单位期待这个职位所能发挥的作用。

（3）应聘者可以根据自己的了解，结合自己在专业领域的优势来回答这个问题。

问题十四：你是应届毕业生，缺乏经验，如何能胜任这项工作？

思路：

（1）如果招聘单位对应届毕业生应聘者提出这个问题，说明招聘单位并不真正在乎"经验"，关键是看应聘者怎样回答。

（2）对这个问题的回答最好要体现出应聘者的诚恳、机智、果敢及敬业精神。

（3）可以这样回答："作为应届毕业生，在工作经验方面的确会有所欠缺，因此在读书期间我一直利用各种机会在这个行业里做兼职。我也发现，实际工作远比书本知识丰富、复杂，但我有较强的责任心、适应能力和学习能力，而且比较勤奋，所以在兼职中均能圆满地完成各项工作，从中获取的经验也令我受益匪浅。请贵公司放心，学校所学及兼职的工作经验使我一定能胜任这个职位。"

问题十五：你希望与什么样的上级共事？

思路：

（1）通过应聘者对上级的"希望"可以判断出应聘者对自我要求的意识，这既是一个陷阱，又是一次机会。

（2）最好回避对上级具体的希望，多谈对自己的要求。

（3）可以这样回答："作为刚步入社会的新人，我应该多要求自己尽快熟悉环境、适应环境，而不应该对环境提出什么要求，只要能发挥我的专长就可以了。"

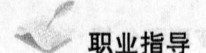

职业指导

## 职业指导面试测评表

编号：QD-0804-09　　　　　　版本号：B/0　　　　　　流水号：

| 班级 | | 姓名 | | 学号 | | | | |

| 要素 | 观察内容 | 评价标准 | 评分等级（分值） | | | | | |
|---|---|---|---|---|---|---|---|---|
| | | | 权重 | 优秀A | 良好B | 中等C | 合格D | 不合格E |
| 个人资料 20分 | 简历内容 | 明确自己的求职意愿，如实反映自己的基本情况 | 0.5 | 10 | 8 | 7 | 6 | 3 |
| | 简历文风 | 文如其人、措辞准确、体现能力、无错别字 | 0.3 | 6 | 4.8 | 4.2 | 3.6 | 1.8 |
| | 简历形式 | 形式悦目、制作精致，充满时代气息和旺盛的精力 | 0.2 | 4 | 3.2 | 2.8 | 2.4 | 1.2 |
| 礼仪风度 10分 | 仪容仪表 | 穿着整齐、得体，无明显失误 | 0.4 | 4 | 3.2 | 2.8 | 2.4 | 1.2 |
| | 行为举止 | 沉着、稳重、大方，走路、敲门、站立、坐姿符合礼仪 | 0.2 | 2 | 1.6 | 1.4 | 1.2 | 0.6 |
| | 口语表达 | 使用的口语文雅、礼貌 | 0.4 | 4 | 3.2 | 2.8 | 2.4 | 1.2 |
| 语言表达能力 20分 | 有声语言 | 主题鲜明，条理清晰，表述准确，语音、语调恰当，语言简明 | 0.4 | 8 | 6.4 | 5.6 | 4.8 | 2.4 |
| | 所举例证 | 说明观点时辅佐的例证恰当，逻辑清楚、有说服力 | 0.3 | 6 | 4.8 | 4.2 | 3.6 | 1.8 |
| | 体态语言 | 谈话时的姿态表情合适，体态语言的使用恰到好处 | 0.3 | 6 | 4.8 | 4.2 | 3.6 | 1.8 |
| 个人性格品质 20分 | 性格特征 | 无过分狂妄和过分自卑现象，具有正确的求职心理 | 0.3 | 6 | 4.8 | 4.2 | 3.6 | 1.8 |
| | 人生态度 | 无偏激的观点，具有正确的人生观、世界观 | 0.3 | 6 | 4.8 | 4.2 | 3.6 | 1.8 |
| | 社交能力 | 对个人评价客观，与人交往诚实、真诚、公正、守信 | 0.4 | 8 | 6.4 | 5.6 | 4.8 | 2.4 |

第六章 面试技巧和分析

续表

| 要素 | 观察内容 | 评价标准 | 评分等级（分值） | | | | | |
|---|---|---|---|---|---|---|---|---|
| | | | 权重 | 优秀A | 良好B | 中等C | 合格D | 不合格E |
| 求职动机与专业技能学识 30 分 | 信息来源 | 熟知获取信息的方法和途径，并能结合自身实际正确筛选和运用信息 | 0.1 | 3 | 2.4 | 2.1 | 1.8 | 0.9 |
| | 求职动机 | 能以企业发展为目标，并兼顾个人利益 | 0.2 | 6 | 4.8 | 4.2 | 3.6 | 1.8 |
| | 专业认知 | 熟知本专业知识，符合工作要求 | 0.2 | 6 | 4.8 | 4.2 | 3.6 | 1.8 |
| | 取得成绩 | 能真实表述本专业学习成绩和擅长的科目及具备的从业资格 | 0.1 | 3 | 2.4 | 2.1 | 1.8 | 0.9 |
| | 工作认知 | 对所要从事的工作岗位有感性和理性认识 | 0.1 | 3 | 2.4 | 2.1 | 1.8 | 0.9 |
| | 个人优势 | 对所要从事的工作能表明自身的优势且具有说服力 | 0.1 | 3 | 2.4 | 2.1 | 1.8 | 0.9 |
| | 相关经历 | 有相关工作经历和个人发展设想 | 0.2 | 6 | 4.8 | 4.2 | 3.6 | 1.8 |
| 总分 | 100 | 实得分 | | | | | | |

评议人：
年 月 日

## 作 业 题

1. 为什么说面试时良好的第一印象非常重要？你如何给考官留下良好的第一印象？
2. 简述考官首因效应的形成因素和应对策略。
3. 简述考官自负心理的形成因素和应对策略。
4. 简述考官晕轮效应的形成因素和应对策略。
5. 简述考官伯乐心理的形成因素和应对策略。
6. 请结合实际写一份自我介绍。
7. 请结合实际谈一谈你的优势和劣势。
8. 谈一谈你应聘这个岗位的动机。

# 第七章　创　业　教　育

有人说自己文化程度不高，不会创业；有人说自己内向不擅长言辞，不适合做生意；有人说没有亲戚朋友帮带，不知道怎样去创业；有人说自己缺乏资金，没有条件创业。其实这些因素都不是一个人成功创业的主要障碍。就一个人而言，创业确实不是生来就会，也需要一些条件，但创业绝不仅仅属于少数人。

创业是一个人开始经营一个小企业的过程。经营小企业的能力，即创业能力，不是教出来的，而是练出来的。创业条件也只能在创业过程中逐渐创造和完善。只要付诸创业，多数人都能从不会到会，从不能干到能干。

美国国家创业指导基金会创办者史蒂夫·马若提列出了 12 种创业者需具备的能力、素质：适应能力、竞争性、自信、纪律、动力、诚实、组织、毅力、说服力、冒险、理解和视野。这些能力、素质可以说基本上属于默会知识。而这些默会知识在主要是以传授、理解和掌握显性知识为主的课堂教学中是学不到的，只能在"做中学""干中学"。

大量的事实也证明，创业能力来自实践。一项对义乌创业者情况所做的调查发现，创业活动有以下特点：

创业是一项大众化的活动。创业涉及千家万户，量大面广。义乌本地人口只有 70 万，但仅服务业经营单位就有近 10 万家，小商品市场摊位有 5.8 万个，每六人就有 1 本营业执照。创业绝不属于少数精英，也绝非像有的学者所言："创业精神和创业能力是最为稀缺的社会资源。"

创业是一项平常化的活动。创业远没有人们想象中那么神秘，多数创业者都没有接受过高等教育或专门训练。在接受调查的 1 617 位创业者中，只有 276 人接受过高中后教育或培训。是创业活动本身让人有了创业的能力，而不是有了创业能力才从事创业活动。

创业是一项始于模仿的活动。多数人能创业，从何开始创业呢？创业起步往往从模仿开始。为什么会有"制笔村""服装镇""箱包街"，都是模仿的结果。我们走访的 120 位袜子生产、销售的经营户，要么是跟着邻居、亲戚、朋友学的，要么是打工时学得本领自办企业的。

创业是一项容易体现人生价值的活动。创业有一定的风险，但绝不是有的书中所说："创业过程是一个蕴涵大量不确定因素和高风险的复杂的决策过程。"我们调查的 1 617 位创业者中，真正属于经营不善导致破产的只有 16 位，还不到 1%，大大低于失业率。创业不仅风险不大，而且更容易体现人生的自主性，更容易创造更多的财富。被调查的 1 617 位创业者中，房子和汽车拥有率分别达到 94% 和 89%，过上了富足的生活，还为国家贡献了大量的税收，也为社会创造了大量的就业岗位。

创业是一项由小到大发展的活动。调查对象中，不论家产多么富有、事业多么庞大,起步时都是从容易做的小事情开始的。他们往往不会因"事小而不为,利少而不谋"。从易到难、从小到大,是他们创业发展的基本特征。

创业是一项建立客户关系的活动。创业需要资金、场所等方面的条件,但被调查者认为,客户关系的建立是创业是否成功的关键因素。有客户,就有销路;有稳固的客户,就有稳固的收入;有更多的客户,就有更多的财富。客户关系的建立,可能是由于亲戚或朋友的介绍,但更多的是靠自己的经营实践。

创业是一项不能停顿的活动。在调查中发现,创业者与就业者不同,他们往往没有双休日、节假日的概念。勤劳、坚持是创业者的基本品质。

从上述创业活动的特点看,任何一个人,只要勤快,应该说没有理由不能成为成功的创业者。关键是消除自己不能创业的思维定式,立即付诸行动,从模仿开始,从做小事情开始,持之以恒,成功就不会遥远。

# 第一节 创业的内涵与创业教育

## 一、创业的内涵

创业是创立基业或创办事业。从广义来说,它是开创国家、集团和群体的大业;从狭义讲,它是个人或若干人联合创办自己的企业并拥有其所有权的生产经营活动。创办自己的企业,是毕业生迈向职业生涯新高峰的标志,是人生道路上的一次飞跃。

## 二、美国的创业教育

### 1. 美国创业教育的特点

(1) 创业教育正逐步形成一个完整的社会体系和教学研究体系。在过去的20多年中,创业学成为美国大学尤其是商学院和工程学院发展最快的学科领域。目前,美国的创业教育已纳入国民教育体系之中,内容涵盖了从初中、高中、大学本科直到研究生的正规教育。截止到2005年年初,美国已有1 600多所高等院校开设了创业学课程,并且已经形成一套比较科学、完善的创业教育教学、研究体系。

(2) 注重创业实践并有效地开发和利用全社会创业资源。美国的创业教育十分注重其实践性和应用性。创业教育体系中不仅包括了创业学课程的普遍开设、本科和研究生创业管理专业的设立,还包括高校创业中心、创业教育研究会等的建立;不仅在校园内营造浓厚的创业文化氛围,还通过创业中心与社会建立了广泛的外部联系网络,包括各种孵化器和科技园、风险投资机构、创业培训机构、创业资质评定机构、小企业开发中心、创业者校友联合会、创业者协会等,形成了一个高校、社区、企业良性互动式发展的创业教育生态系统,有效地开发和整合了社会各类创业资源。

(3) 大力培养和稳定创业教育的师资队伍。美国高校十分重视对创业教育的师资进行选拔和专门培训，鼓励和选派教师从事创业实践，进行创业教育的案例示范教学或举办研讨会，交流创业教育经验，从而有效地提高了教师创业教育水平，稳定了师资队伍。另外，注重吸收社会上一些既有创业经验又有一定学术背景的人士从事兼职教学和研究，特别是聘请成功的企业家作为创业教育的客座教授，收到了良好的效果。

（4）高校的创业活动已成为美国经济的直接驱动力。在美国的创业热潮中，大学生的创业活动引人注目，当代许多著名的美国高科技大公司，几乎都是大学生创业者们利用风险投资创造出来的，如 Intel 的摩尔、葛鲁夫，Microsoft 的盖茨、艾伦，惠普的休利特、帕卡德，Netscape 的安德森，Dell 的戴尔，Yahoo 的杨致远等，无不是创业者们的典范。据麻省理工大学（MIT）的一项统计，自 1990 年以来，MIT 毕业生和教师平均每年创建 150 多个新公司，截至 1999 年，该校毕业生已经创办了 4 000 家公司，雇用了 110 万人，创造出 2 320 亿美元的销售额，对美国特别是麻省的经济发展做出了卓越的贡献。可以毫不夸张地说，高校创业活动已成为美国经济发展的直接驱动力。

**2. 美国创业教育的启示**

（1）首要的是社会教育理念的转型。长期以来，我国传统的教育观念认为大学生毕业面临的选择是就业、考研、出国，大学人才培养的目标也仅局限于研究型、应用型，整个社会和家庭也缺乏对孩子创新精神与创业意识的培养教育。清华大学创业中心的一项调查报告显示，在创业教育上，中国的平均水平低于全球创业观察（GEM）统计的平均水平。我国大学生创业比例不到毕业生总数的 1%，而发达国家一般占 20%～30%。因此，必须尽快转变整个社会的传统教育理念，深化改革高校人才培养模式，从就业教育转向创新创业教育，树立起既要就业也可以创业，自主创业不仅是大学生就业的重要途径、更是大学生成才重要模式的新观念。教育思想观念的更新至少应包含以下四个方面的基本内容：以人为本的教育观念，以学生为主体的教学观念，促进学生全面发展的教育质量观念，培养创新创业人才的教育价值观念。

（2）以人为本，改革传统人才培养模式。以人为本是科学发展观的核心，在创业教育中坚持以人为本尤为重要。必须把关心人、爱护人、尊重人和充分激发人的积极性、创造性放在首要位置，把改革传统人才培养模式与学习、借鉴国外创业教育成功经验结合起来：一是把注重知识和学生勤奋、踏实、谦虚，与注重智力开发、综合能力培养和学生兴趣广、视野宽、敢冒险结合起来；二是把强调知识的严谨、系统与注重掌握知识的内在联系和发展方向结合起来；三是把强调学生基础知识扎实与强调学生独立与开拓结合起来；四是把强调求实的作风与追求浪漫的风格结合起来；五是把"学多悟少"与"学少悟多"结合起来。大学生创新创业不仅应作为一种能力来培养，更应当作为一种尊重人才、尊重知识、尊重创造、崇尚科学和弘扬创新精神的校园文化氛围来塑造，充分激发和培育学生的创新精神和创业意识。

（3）构建具有中国特色的创业教育型国民教育体系。借鉴外国的成功经验，我国应从提高整个国民素质的高度出发，把创业型人才培养与研究型人才、应用型人才的培养放在同等重要的地位，鼓励和倡导各类大学甚至中学开展各种形式的创业教育，并把创业家和各类社会创业资源引入高校，密切企业、社会和学校的联系，使创业型人才培养逐步成为我国高等教育人才培养体系的一个重要组成部分。

## 第二节　创业在行动

注册一个公司，首先要想好经营什么，怎样经营好。

下面谈谈如何注册公司，需要哪些手续，怎样操作。

### 一、选择公司的形式

企业最常见的组织形式包括公司制企业（有限责任公司、股份有限公司）、合伙制企业和个人独资企业。每种企业组织形式都有自身的优点和缺点。创业者必须甄选出最合适的企业组织形式。以有限责任公司为例介绍设立条件。设立有限责任公司，应当具备下列条件：①股东符合法定人数；②有符合公司章程规定的全体股东认缴的出资额；③股东共同制定公司章程；④有公司名称，建立符合有限责任公司要求的组织机构；⑤有公司住所。

### 二、注册公司的步骤

#### 1. 核名

到工商局去领取一张"企业（字号）名称预先核准申请表"，填写拟订的公司名称，由工商局上网（工商局内部网）检索是否有重名，如果没有重名，就可以使用这个名称，工商局会核发一张"企业（字号）名称预先核准通知书"。

#### 2. 租房

去专门的写字楼租一间办公室，如果你自己有厂房或者办公室也可以。有的地方不允许在居民楼里办公（如有必要在居民楼内办公，需要征得全楼95%以上住户同意，居委会才会开具证明，但工作中绝对不能扰民）。

租房后要签订租房合同，并让房东提供房产证的复印件。

签订租房合同后，还要到税务局去买印花税，按年租金1‰的税率购买。例如你的每年房租是1万元，那就要买10元钱的印花税，贴在房租合同的首页，后面凡是需要用到房租合同的地方，都需要贴了印花税的合同复印件。

#### 3. 编写"公司章程"

可以在工商局网站下载"公司章程"的样本，修改一下就可以了。章程的最后由所有股东签名。

#### 4. 刻私章

去专门刻章的地方刻一个私章，说明需刻法人私章（方形的）。

### 5. 到会计师事务所领取"银行询征函"

联系一家会计师事务所,领取一张"银行询征函"(必须是原件,会计师事务所盖章)。

### 6. 去银行开立公司验资户

所有股东带上自己入股的资金到银行,带上公司章程、工商局发的核名通知、法定代表人的私章和身份证、用于验资的钱、空白询征函表格,到银行开立公司账户。开验资户后,各个股东按自己的出资额向公司账户中存入相应的钱。

银行会发给每个股东缴款单,并在询征函上盖银行章。

注意:公司法规定,注册公司时,投资人(股东)必须缴纳足额的资本,可以以货币形式(也就是人民币)出资,也可以以实物(如汽车)、房产、知识产权等出资。到银行办理的只是货币出资这一部分,如果你有实物、房产等作为出资的,需要到会计师事务所鉴定其价值后再以其实际价值出资。

### 7. 办理验资报告

拿着银行出具的股东缴款单、银行盖章的询征函,以及公司章程、核名通知、房租合同、房产证复印件,到会计师事务所办理验资报告。

### 8. 注册公司

到工商局领取公司设立登记的各种表格,包括设立登记申请表、股东(发起人)名单、董事经理监理情况、法定代表人登记表等。填好后,连同核名通知、公司章程、房租合同、房产证复印件、验资报告一起交给工商局。大概3个工作日后可领取执照。

### 9. 刻公章、财务章

凭营业执照,到指定的刻章社去刻公章、财务章(后面步骤中均需要用到公章或财务章)。

### 10. 办理企业组织机构代码证

凭营业执照到技术监督局办理组织机构代码证。办这个证需要半个月,技术监督局会首先发一个预先受理代码证明文件,凭这个文件就可以办理后面的税务登记证、银行基本户开户手续了。

### 11. 去银行开基本户

凭营业执照、组织机构代码证,去银行开立基本账号。最好是在原来办理验资的银行网点办理,否则会多收100元的验资账户费用。

开基本户需要填很多表,你最好把能带齐的东西全部带上,要不然要跑很多趟,包括营业执照正本原件、身份证、组织机构代码证、公章、财务章等。

### 12. 办理税务登记

领取执照后,于 30 日内到当地税务局申请领取税务登记证。一般的公司都需要办理两种税务登记证,即国税和地税。

办理税务登记证时,必须有一名会计人员,因为税务局要求提交的资料其中有一项是会计资格证和身份证。你可先聘用一名兼职会计。

注:2015 年 10 月 1 日以后,营业执照、组织机构代码证和税务登记证"三证合一"。新设立的企业、农民专业合作社,只要向工商部门提出申请,获得一个加载统一社会信用代码的营业执照(即"一照一码"),就算注册成功。统一代码和登记证对新注册的法人和组织免费发放;对于已经办齐了证照的企业,有两年的过渡期。在 2017 年 12 月 31 日以前,企业都可以使用原发证照办理各项业务。

### 13. 申请领购发票

如果你的公司是销售商品的,应该到国税局申请购买发票,如果是服务性质的公司,则到地税局申领发票。

注意按时进行纳税申报,即使没有开展业务不需要缴税,也要进行零申报,否则会被罚款。

有两点你可能比较关心:

一是公司必须建立健全的会计制度。刚成立的公司,业务少,会计的工作量也非常小,你可以请一名兼职会计,每个月工作两三天时间就够了。

二是公司的税额。营业税:销售商品的公司,按所开发票额的 4% 征收增值税;提供服务的公司,按所开发票额的 5% 征收营业税(根据经营项目不同,税额也不同,相关问题可请教地税专员)。所得税:对企业的纯利润征收 18%~33% 的企业所得税。小公司的利润不多,一般是 18%。对企业所得税,做账很关键,如果账面上你的利润很多,那税率就高。

两种税的区别:营业税是对营业额征税,不管你有没有赚钱,只要发生了交易,开了发票,就要征税;所得税是对利润征税,利润就是营业额扣减各种成本后剩余的钱,只有赚了钱才会征所得税。

创办一个公司最基本的条件和步骤手续:

(1) 选择合法的办公地址;
(2) 选择符合工商局规定的企业名称;
(3) 筹集注册资本金;
(4) 办理营业执照;
(5) 刻公章、财务专用章、法人私章;
(6) 办理企业组织机构代码证;
(7) 办理国税登记证及地税登记证;
(8) 到银行开立企业基本账户;
(9) 涉及特种经营项目的,需办理各种特种经营许可证。

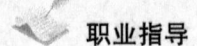 职业指导

# 第三节　创业精神与创业能力

## 一、创业精神

理想与实际毕竟存在差距,创业可能失败,但经历却能受用一生。创业成功需要创业精神。

创业精神是一种天赋。我们可以从下面这些企业家身上找到创业精神的最佳定义。

### 1. 激情

没有人能比维京集团(Virgin Group)创始人理查德·布兰森(Richard Branson)更理解"激情"一词的含义。布兰森的激情,从他对创建公司的强烈欲望中可窥一斑。始建于1970年的维京集团,目前旗下拥有超过200家公司,业务范围涵盖音乐、出版、移动电话,甚至太空旅行。布兰森曾打过一个比方,"生意就好像公共汽车,总会有下一班车过来"。

### 2. 积极性

亚马逊(Amazon.com)创始人杰夫·贝索斯(Jeff Bezos)非常清楚积极思考的能量。他以"每个挑战都是一次机会"为座右铭。事实上,贝索斯把一家很小的互联网创业公司发展成全球最大的书店。

亚马逊于1995年7月正式启动,两个月内就轻松实现每周2万美元的销售额。20世纪90年代末,互联网公司纷纷倒闭,亚马逊股价也从100美元降至6美元。雪上加霜的是,一些评论家预测,美国最大的书店巴诺(Barnes & Nobles)启动在线业务,这将彻底击垮亚马逊。紧要关头贝索斯挺身而出,向外界表达了乐观和信心,针对批评言论,他还一一列举公司的积极因素,包括已经完成的和准备实施的。

贝索斯带领亚马逊不断壮大,出售图书、衣服、玩具等各种商品。今天,亚马逊年度营收已超过百亿美元,这很大程度上要得益于贝索斯的积极思考。

### 3. 适应性

适应能力是企业家应具备的最重要的特质之一。每个成功的企业主,都乐于改进、提升或按照客户意愿定制服务,以持续满足客户所需。

谷歌(Google)创办人谢尔盖·布林(Sergey Brin)和拉里·佩奇(Larry Page)更进一步,他们不仅对变化及时反应,还引领发展方向。凭借众多新创意,谷歌不断引领互联网发展,将人们的所见所为提升到一个前所未有的新境界。拥有这种先锋精神,无怪乎谷歌能跻身最强大的网络公司行列。

### 4. 领导力

好的领导人一定具有很强的个人魅力和感召力,有道德感,有在组织里树立诚信

原则的意愿。他也可能是个热心人,具有团队协作精神。在已近迟暮之年的玫琳凯·艾施女士(Mary Kay Ash)身上,我们可以发现所有这些元素。她创建了玫琳凯(Mary Kay Cosmetics)品牌,帮助超过50万名女性开创了自己的事业。

很早以前,身为单亲母亲的艾施在一家家用产品公司做销售。虽然25年间她的销售业绩一直名列前茅,但是由于性别歧视,艾施无法在晋升和加薪时获得和男同事一样的待遇。艾施终于受够了这种待遇,1963年,她用5 000美元创办了玫琳凯公司。

艾施以具有强大驱动力和富于灵感的领导风格闻名,她创办公司的态度是"你能做到!"。她甚至会用卡迪拉克轿车奖给顶尖的销售者。由于其强大的领导力技巧,艾施被认为是近35年来最具影响力的25位商业领袖之一,而玫琳凯也被评为美国最适合工作的企业之一。

### 5. 雄心壮志

20岁时,戴比·菲尔兹(Debbi Fields)几乎一无所有。作为一个年轻的家庭主妇,她毫无商业经验,但她拥有绝佳的巧克力甜饼配方,并梦想全世界的人都能分享到。

1977年,菲尔兹开设了自己的第一家店,尽管很多人认为她仅靠卖甜饼无法将业务维持下去。菲尔兹的果断决定和雄心壮志使得小小的甜饼店变成了一家大公司,600多个销售点遍布美国和其他10个国家。

中职学生成功创业率不高,创业目标迷茫,想做赚钱多又轻松的工作,甚至顾忌是否"体面",理财、营销、沟通、管理等方面的能力普遍不足,一遇困难就半途而废。"琢玉成器,磨难成才",创业需要一种精神,创业精神是创业的灵魂。

 **案例链接**

## 网店创业

"十年工,一身空"。有水,鱼才能来去自如。男人三十而立,都想拥有属于自己的一份事业,都想拥有属于自己的一片天地。创业能成就梦想,自信能铸造成功!

唐军,日派液晶的创始人,广州日派数码有限公司的总经理。1999年,他从湖南只身到广州开始打工生涯,从一名技术员,到工程师,再到部门经理。有着更大志向的他,在2003年转战深圳从事安防行业,短短两年就为其公司创造了200万的利润。快到三十而立的他,开始了自己的第一次创业,拿着存了半年的工资6 800元开始了创业之路。

唐军对电子计算机硬件、软件都有不同程度的研究,液晶产品又是当时的新兴产品,他经过认真研究、分析市场,认准了液晶显示器具有广阔前景,也就因此和液晶显示器结上了缘。

在广州的老颐高电脑城,唐军用2 500元租了一个7平方米的小柜台,开始了液晶显示器的销售。开始的时候,由于是第一次创业,没有经验,也不懂销售技巧,一周下来只卖了一两台液晶显示器。在这个时候,一个偶然的机会,他看到有朋友在"淘宝"上卖东西,于是他尝试开始了自己的网店生涯。而更没想到的是,阿里巴巴马云

职业指导

先生那句"天下没有难做的生意",使他的小网店创造了奇迹。

唐军销售的是价值高的液晶显示器,在"淘宝",刚开始增加信用比较慢,毕竟是网络生意,有个好的评价是最大的说服力,于是,他增加了用成本价出售一些电脑小配件(如鼠标、耳机等)业务,虽然不挣钱,但是网店慢慢积累了很多信用,到2006年6月就成为一个钻石级信用的卖家。对于在"淘宝"上专卖液晶产品的店铺,有着钻石级信用可谓是稀有之物,网店信誉慢慢在买家心目中不断提高。

"做诚信的网上商家,用心服务",一直是唐军的服务宗旨!网店刚开始经营的时候曾经发生过这样一件事:网店发了一台20寸液晶电视机,在运输中不小心损坏,客户签收拆开后才发现产品已经损坏,于是马上和唐军联系。唐军安排他们返回产品,然后向快递公司索赔,但是由于客户已经签收,快递公司拒绝赔偿。这个时候,唐军做出了一个重要的决定:无条件向客户发一台同样的全新产品!这一赔本行动为他赢得了信誉。不过,吃一堑,长一智,现在唐军有了自己专门合作的运输公司,客户签收前一定要求客户检查产品是否损坏。就这样,企业在一次次的积累中壮大。

在累积了一定的客户资源后,唐军考虑要把企业做强做大,要走品牌之路,只有品牌才是现代市场竞争的入场券。2005年年底,唐军注册了"日派(RIPAI)"商标用于产品并且开始了生产,从零售到批量,再到规模生产,现有的产品线全部通过国家认证。

在网店上慢慢积累了一定的信誉,加上老颐高电脑城自身定位低质化,他放弃了实体店,专心来打造旗舰网店。平时,有两个人专门负责阿里旺旺,另外一位负责企业网站的设计。专业服务、诚信交易、品质优良,最终创造了"淘宝"月销30万的神话。

最北的"漠河",最南的"海南",最西的"新疆库尔勒",都渗透着"日派(RIPAI)"血液!从一周出货2台、一天出1台,到一个月100台,再发展为每个月250~300台;从创业资金6 800元,到三年后公司资产已达200万。唐军的创业第一桶金就这样在努力中完成了,新的更高目标正在规划。

唐军之所以成功,是因为他选择尝试和改变,选择超越自己!今天的行动将决定未来。今天,唐军已经成为一个创业成功的网商,在第五届网商大赛进入了广州赛区前50强。他的格言是"踏实地去做,梦想成为现实",相信在未来的日子,唐军和他的"日派"会取得更好的成绩。

**案例链接**

## 小店创业

2000年,李佳和众多在办公室上班的白领一样,朝九晚五。在静安寺附近上班的她,一次乘坐地铁二号线途中的偶遇,掀开了另一种生活方式的扉页。

"在河南中路站内,我看见一个小店铺面临经营困难,正在着手转让。虽然家里没有人从商,但是对于开店我却十分感兴趣,决定问问情况再作定夺。"说它小,名副其实,因为它只有3.6平方米。

李佳回忆道,"那个时候地铁商铺虽然非常紧俏,但是租金水平不高。那个铺位每

第七章 创业教育

月的租金是1 500元。我当时的收入是每个月3 000元，想想即使输了，每个月也就少拿1 500元，这个风险我担当得起"。现在想来，李佳有些庆幸，如果当时的租金是现在的水平，那么，自己的舞台依然是在办公室中。

创业之初，资金有限是必然。除了房租，李佳将全部的钱都用来从批发市场购进服装，其他地方则能省就省。没有钱装修，她找来了几沓英文报纸，自己动手糊满所有的墙。所有的前期投入不过一万元。

开始创业，意味着开始一段艰苦的生活。没有辞掉工作的李佳，每天清晨五点起床去批发市场进货，挂样之后交给照看店铺的阿姨；下午五点，阿姨下班，结束工作的李佳再次上岗。

然而，就是这样一家不起眼的小店，生意却出奇火爆。狭小的空间内总是人满为患，而且保持着较高的重复购买率。一个月之后的成绩让李佳自己都惊诧不已，营业额有六万元，而到手的净利也有两万余元。

就在这时，公司的一个决定让李佳左右为难。"公司派驻我到日本工作，我知道这是一个很好的机会。但是对于那个小店，我更是难以割舍。"于是，李佳毅然决然地放弃了出国的机会，辞职专心下海了。

老板娘的亲自督战让小店更上一层楼，很快成为河南中路站内一枝独秀的商铺。树大招风，李佳的店铺开始遭到"围堵"。周围的同类店铺开始纷纷进相同款式的衣服，但是这一招对已经积累了一批老顾客的李佳似乎并不奏效，而且发生了让她哭笑不得的一幕。"因为我的店实在是太小，连人都站不下，更别说换衣服，所以有些顾客就跑到别的店去试了之后再回来告诉我'就要这件，我试过可以的'。"之后，站内的所有商铺以"商铺经营者必须是一房东"为由，联名向物业接二连三地投诉。就这样，在非个人经营失当的情况下，李佳无奈地为第一次创业画上句号。

## 二、创业能力

创业能力是个体具备的创业素质的中心结构，它直接影响到个体创业实践活动的效能。作为能力的一种，它当然具备能力的一般内涵，也是以智力为核心的，直接影响活动效率的个体心理特征，但它又有自己的独特性。

第一，创业能力是在创业者个体心理主导下形成并发挥作用的一种操作系统。

创业能力作为能力结构中的一个组成部分，是从属于个性心理这一大系统的。按系统理论，它必然受到个性心理的影响和作用。如作为个性心理中的动力系统里的个性倾向性（理想、信念、世界观、价值观、兴趣等），必然对创业能力起着激励、导向作用；作为个性心理中调节系统的气质、性格等个性心理特征，必然对创业能力起到调节、规划作用。创业能力与开创型个性存在很高的相关性。开创型个性是心理过程和行为过程的统一，是个体由内向外的社会实践开拓过程，其明显特征之一，是通过变革创新、开拓进取，来自主地、积极地、能动地影响社会发展的进程。个体表现是能够直接面对威胁与挑战，在成败得失中灵活应对，独辟蹊径，且意志坚定，敢于行动。它直接影响创业能力的启动、作用和方向。具有较强创业能力者，无不是开创型个性的典范。在社会生活中，一种事业或同一项活动，不同的人获得成功的表现却不

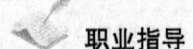

一样,如电视节目主持人中,赵忠祥稳重儒雅,杨澜青春活泼,倪萍质朴真诚,他们都因特色鲜明而独树一帜。这就是上述特点的表现。

第二,创业能力是一种以智力为核心的较高层面的综合能力。

创业能力包含了对自身内部及外部世界的种种因素的理性认识,正所谓"知己知彼,百战不殆"。这种认识涉及个体的感知力、注意力、记忆力、想象力、思维力等,这些都属于智力范围,这些一般能力构成了创业能力的核心。在此基础上又可将创业能力外化为三个层次,即专业能力、经营管理能力和综合能力。专业能力就包含了专业知识与技能。经营管理能力涉及创业实践活动的计划、组织、实施、反馈各环节及人、财、物的组织。综合能力是最高层次的能力,包括把握机遇、利用信息、人际交往的能力等。在这样一个大型能力系统中,智力起到了通与融的作用。没有智力活动的作用,创业能力的三个层次不可能实现由低到高的顺利递进,也不可能横向结构成最优化组合而实现个体心理能量的最大化。所以,这种综合,既有静态结构意义上的系统组合之意,也有动态运作过程中的凝聚融会之意,这种复杂的内在结构的包容性,表现为创业实践活动中人的能力的整体性。中国JR人才调查中心通过研究中国20年来出现的创业家群体,列出"中国企业家九大成功素质",排行榜如下:

(1) 紧紧抓住市场机遇的能力;
(2) 具有敏锐的政治头脑;
(3) 具备超常的勇气与魄力;
(4) 思维周密,分析能力极强;
(5) 应变能力强;
(6) 高水平的管理才能;
(7) 用人有道;
(8) 极端重视信息;
(9) 个人能力与个人形象。

这与我们的上述理论是相吻合的。

第三,创业能力是一种运用创造性思维求新、求变、求异的探索能力。

创新是创业成功的源泉,是创业者必须具备的能力。在突出个性的竞争时代,不创新必然落后,必然失败。创业能力的根本规定性之一便是进行创造性思维活动,要求个体在社会实践中不断开发潜能,不断解放思想,与时俱进,不断地超越现实和自我。具备创业能力的个体思维呈现出流畅性、变通性、独特性、敏感性的特点,敢于冲破定式,打破常规的集中思维,变换角度去思考解决问题,多角度地寻求最佳答案,勇于"离经叛道"。曾经有这样一个成功者,在我国水果市场供应不足时,他率先开始大面积种植果树,当别人纷纷跟进后,他又及时地转向栽种柳条,用来编制装水果的筐,当水果包装工具逐渐充足后,他又及时转向搞起了水果运输。就这样,他不断地创新,不断地走在市场变化的前面,从而获得了极大的成功。

## 三、创业能力活动与发展的特征

在前面我们分析创业能力的内涵时,已经揭示了创业能力的一些基本特征:主体性，即带有浓厚的个性色彩；综合性，即是多种知识和条件能力系统的组合；创造性，需要创造性思维的参与；社会实践性，创业实践活动是创业能力形成、运作的评价的根本依据。实际上，创业能力还是一个纵向的、动态的、带有强烈的社会实践性的内在心理特征。因此，我们还应从其特殊的活动与发展的轨迹来考察其特征。

**1. 创业能力的启动，缘于创业意识的驱动性**

创业意识是指在创业实践活动中对个体起动力作用的个性意识倾向，主要包括创业的需要、动机、兴趣、理想、信念和世界观等心理成分。创业意识是个体创业的动力机制，它在相当程度上决定着一个人是否敢于投身于创业实践活动，支配着人们对创业实践活动的态度和行为，规定着态度和行为的方向和强度，而这些又直接关系着创业能力的形成，人们经常强调"立志"，原因就在于此。正所谓"不想当将军的士兵不是好士兵"，许多创业者的实践也说明了这一点。如李嘉诚幼年时期随家逃离战乱，流落他乡，在香港备受贫穷的折磨，生活拮据，早年丧父的精神打击，使李嘉诚萌生了"我不要穷，我要赚钱的"的强烈意识。他从14岁走向社会，开始了打工生涯。在强烈创业意识的支配下，他在当学徒、做店员、跑推销的过程中，努力学习和思考，不断开发经商能力，终于获得成功，成为世界瞩目的超级企业家。毛泽东、周恩来等老一辈革命家从小就立大志，要为中华民族的崛起而读书奋斗，才成就了一代丰功伟业。

**2. 创业能力的作用，受创业心理的调节性影响**

创业心理是指各种创业心理品质，是在创业实践活动过程中对人的行为起调节作用的个性意识特征，即情感和意志等方面的因素。从心理学的角度看，一个人的成才取决于其行为中的两种心理机能系统的相互作用。一是认知机能系统，它在智慧活动中直接参与对客观事物认识的具体操作，如感知、记忆、想象和思维；二是非认知心理机能系统，它不直接参与但对智慧活动起始动、维持、强化、定向、引导和调节作用，创业心理品质主要属于此类。在当今社会，人们可选择的机会多了，但社会关系与环境也更加错综复杂，人们在创业过程中，必然要应对各种社会矛盾与冲突，必然会遇到各方面的挑战与威胁，必然会面对各种困难，这就需要调动个体创业心理品质这一调节系统的机能，配合创业能力的发挥。以下10种心理品质是创业者应特别注意的：独立性、敢为性、克制性、合作性、缜密性、外向性、适应性、坚韧性、道德感、义务感。卡耐基在很多书中总结自己的实践经验，特别强调了心理品质对人活动所起的关键作用。

**3. 创业能力的运作，有赖于创业知识的整合性**

知识是能力的基础，但知识不等于能力，无知而能是不可想象的。创业能力是一种高层次的综合能力，创业实践本身也是一种复杂的实践活动。因为当今世界的一个突出特点便是各种事物之间的联系日益密切，各种综合化趋势已渗透到社会生活与个人生活的各个领域，因此，创业能力的顺利运作，是以整合各种创业知识为前提的。创业知识系统是个体创业能力发挥的工具系统，在创业活动中发挥经常性的作用，直

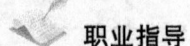 职业指导

接产生效用。它主要包括三个方面：专业知识、经营与管理知识、综合知识。尤其是有关与社会发生关系、处理社会实际问题的技能技巧的综合性知识，对创业能力的作用是至关重要的。比如柳传志和张瑞敏，如果他们没有各方面知识作支撑，绝不会创造出联想和海尔这样的业绩。王永志的成功更是建立在知识的综合运用的基础上的。

#### 4. 创业能力的外化表现，体现为创业计划的可操作性

创业能力归根到底是一种内在于人的个性心理特征，只有外化为某种客观、具体的存在，才能对其做出最终的判断。创业计划是个体创业基本要素的外显和创业能力的外化存在。而创业计划的可操作程度既是创业能力与任意性行为的分野，也是衡量创业能力水平高低的量化尺度。

"联想神话"的缔造者柳传志认为，目标远大而务实是大企业家的鲜明特色。他常说的一句话就是："联想要做百年老字号！"在国际电脑工业巨头纷纷抢占中国市场之际，联想确定的突破口在于脚踏实地，打与实力相称的"局部战争"。他们为土地管理部门开发了"地籍信息系统管理软件"，为公安部门提供了"户籍信息系统管理软件"，这样的系统应用软件开发项目达数十个。确定的"瞎子背瘸子"产业发展策略、"田忌赛马"开发策略、"茅台酒卖二锅头价"的产品经营策略，正是远大抱负与周密计划相得益彰的创业能力的体现。以上四个特点是相互联系的，在创业能力的形成与发展过程中起着综合作用。

## 四、创业能力的形成与培养

罗马俱乐部会长奥德里致·贝恰认为，未开发的、未使用的能力，这一莫大的财富就蕴藏在我们自身的内部。不用说精神的力量这一个性本身的重要因素，就是人潜在具有的理解力、想象力、同情心、团结力、创造力等能力。人的基本的学习能力，被忽视的技能，以及其他未被发掘的积极的资质和态度等，都完全可以为理想的目的所刺激，进行锻炼，加以开发和发挥。他的这种说法很有道理。其实，学生的创业能力就潜在于每一个学生自身，创业教育的任务就是要通过教育把这种潜在的能力外化形成实实在在的现实能力。根据前面我们对创业能力的分析，培养学生形成创业能力应主要通过以下途径：

#### 1. 激励机制——培养创业意识

创业意识对于创业能力的形成和创业实践活动具有动力作用。创业意识绝非心血来潮，也不能一蹴而就，它是创业者在创业实践活动中培养、积累和升华的结果。首先，它是创业主体应萌生创业需要而产生，这是创业活动的最初的诱因和动力，在这一过程中，外在的教育和社会客观需要对它的产生起着促进和决定作用。其次，把创业需要转化为创业动机，是一种竭力追求并获得最佳效果的心理动力。最后，创业理想的树立，则是创业意识基本形成的标志。有了创业意识就会促进形成坚定的创业信念，从而促进创业者提高创业能力，积极投身于创业实践活动。这种创业意识越强，其效果越大，正所谓："法乎其上，得乎其中；法乎其中，得乎其下；法乎其下，则

殆矣。"

四川吉明公司总裁董吉明初中毕业后在邮局当接线员,他不甘于这种平常的职业生活,刻苦自学,如愿考到邮电学院,但因被错划"三反分子"而被迫放弃了上学的机会。在强烈的创业意识的支配下,1983 年,他扔掉铁饭碗,用仅有的一千元钱办起了养鸡场,获得极大成功。他又在把事业做大的意识的支配下,转行搞起了光纤通信项目,现已成为产值超亿元的吉明光纤通信公司的总裁。可见,创业意识在其创业成功中起到了巨大的作用。因此,我们培养学生的创业能力,首先要培养其创业意识。

### 2. 调控机制——培养良好的创业心理品质

心理学研究表明,非智力因素及情商在个体活动中具有决定性的作用。在创业能力的形成中,必须重视发挥创业心理优势,消除创业心理障碍。正所谓:"天将降大任于斯人也,必先苦其心志,劳其筋骨,饿其体肤,空乏其身,行拂乱其所为,所以动心忍性,增益其所不能。"

从肯定方面讲,根据有关调查结果,独立性、敢为性、坚韧性、克制性、适应性、合作性这六种要素对于创业能力的形成有积极的调控作用,意志力是创业心理品质的核心问题。

从否定方面讲,有三种心理障碍应予以克服:人格障碍,如依赖、自卑、畏缩;情绪障碍,如抑郁寡欢、过度焦虑;行为障碍,如急于求成、目标多变等。

JR 人才调查中心通过大量事例研究表明,心理承受力具有至关重要的作用,企业家成功率与其心理承受力呈正相关,心理承受力越强,成功系数越大,反之越小。安徽有一个农村大学生,大学毕业后本来可以在城市里找到一份像样的工作,家里和亲朋好友也都希望他能留在城里发展,这是他们供他上大学的主要目的之一,但他却不顾家人的强烈反对,毅然回到家乡办起了养猪场。他承受了缺少资金、市场变化、家人反对和社会舆论等重重压力,现已将养猪场发展为一个上百万资产的公司。因此,我们必须注意培养学生的心理品质。

作为一个创业者,首先是要具有与其所创事业相关的专业知识,同时还应具备经营管理知识和综合性知识,在社会关系越来越复杂的情况下,创业者的社会综合知识的作用日益突出。海尔集团电冰箱公司一分厂生产厂长郭宣栋,原是平度市职业中专学校施工班毕业生,在学习期间,其专业素质和组织管理能力都是佼佼者,他还选修了机电、电子等课程,并多次获得科研成果奖。1995 年,他加入海尔公司,本着"先学会做人,再学会做事"的原则,一方面下苦功夫钻研业务,打下坚实基础,另一方面为自己创造了良好的人际交往氛围,使他在工作中很快做出了成绩,连续被提升为班长、车间主任。1997 年,他被任命为冰箱公司一分厂生产厂长。在他的成长经历中,知识实力起了十分重要的作用。

总之,培养学生的创业能力,是当前职业院校重要的教育任务之一。要使学生形成很强的创业能力,必须遵循创业能力的形成规律,注意提高学生的创业意识,培养良好的创业心理品质,构筑好创业知识结构,并通过实践活动把它们整合为实际创业能力。

职业指导

# 第四节 成功创业的基本因素

怎样才能创业成功？每一位创业者都会思考这样的问题。因为在创业路上一旦失败，对个人来说可能意味着倾家荡产。无数创业者的经历告诉我们，成功创业蕴含着一些基本要素。

## 一、健康坚毅的创业理念

 **案例链接**

50多岁的方策几年前还是名下岗工人，现已成功转型为合资企业老总。创业之初，他以为自己有相关技术背景，只要解决了资金就能创业。然而，产品试验成功后，他却经历了一个漫长熬人的过程。因为国内不少客户十分迷信国外产品，在最艰难的七个月里，每天送出无数样品，每月7 000元开支，压得他喘不过气来，几次想到了放弃。

但他还是坚信，质量过硬、价格合理的产品一定能战胜竞争对手。于是，方策放弃了所谓自尊，赔着笑脸到处推销产品。有时，别人要几十元的产品，他也用自行车送到数十公里外。凭着坚韧不拔的精神，他赢得了越来越多的客户。他说，自己的信念就是，一定要做好自己喜欢的事！

创业理念归根到底是要回答为什么要创业的问题。不同的创业理念会开出不同的创业之花，结出不同的创业之果。创业是幸福的，创业是快乐的，这种快乐与幸福不仅意味着创业者比打工者能得到更多的物质享受，而且创业者面对挑战所付出的心血和代价，是一种通过超越自我去实现人生价值的体验。

创业者的经历告诉我们，创业的成功需要坚毅，而坚毅来自于良好的心理素质，良好的心理素质来自良好的创业理念。确立健康坚毅的创业理念是创业成功的开端，创业理念在创业道路上需要不断完善升华。那种只想赚大钱而没有付出劳力的人，期望在创业路上获得成功是难以想象的。

## 二、诚信为本的做人哲学

 **案例链接**

三年前，张亚联成立了一家装饰公司。他初涉竞争激烈的家装行业，之前也没有任何经商经验，最初两个月，他没有接到一份业务。但这时，张亚联的"为人之道"为他捕捉到了机会。第一份业务来自同学的朋友，张亚联对这份信任倍加珍惜，他说："你放心，如果哪一天质量不好了，你就叫我哪一天停工。"

"经商以诚为本"，难在持之以恒，但张亚联做到了。有一次，一位客户反映卫生间漏水，派人上门现场查看后，他们发现是水管公司的责任。但张亚联并未袖手旁观。

他前后花费 10 个月，终于使问题有了圆满解决。这样的做人处事态度，使他们在客户中形成了良好口碑，公司的业务量成倍上升。

要把自己的产品或服务推销出去，创业者必须使人们认可其人格品质，这里需要创业者做好人。以人为本、以诚经商是成功创业者必须遵循的原则。奸商有时也能赚大钱，但是骗得了一时骗不了一世，尤其是在市场经济愈益成熟的今天，只有诚信创业才能使你最终到达胜利的彼岸。

一个成功的创业者，必然是在创业的过程中，不断陶冶自己的情操，提高自身素质，敢于超越自我。创业与做人密不可分，做好人才能创好业。

## 三、与时俱进的创新精神

### 案例链接

2002 年，下岗工人桂坚城创办了"桂花香绿化养护服务社"，一时经营得有声有色。按理说，无论从哪个方面考虑，园林绿化都是一个比较长期的朝阳事业。但是，桂坚城却认为，任何一个项目、任何一种产品，都不可能长时间辉煌，他必须要在项目和经营方式上不断突破。

一次偶然的机会，桂坚城了解到上海的汽车租赁业大有前途。于是，他对市场进行了全面了解，掌握到的一些数据让他信心大增。经过学习、取经，他成功建立起了一家汽车租赁公司。去年，根据上海房产市场的火爆情况，他又创办了"上海科瑞达艺术工艺切割有限公司"。现在，桂坚城还在经营创新上不断尝试突破。

创业本身是创新，创新是成功创业的灵魂，创新精神是提高创业者竞争能力的根本。创业者要在项目的选择上创新，也要在经营理念与经营特色上创新。创新必须适应时代与环境的大背景，创新也必须根据创业者自己的素质条件。

其实，创业的过程就是不断扬弃、不断创新的过程。赢利多少，固然是创业成功的标志，而创业者是否具有创新精神和创新能力，则是成功创业的重要标志。

## 四、勤奋刻苦的学习习惯

### 案例链接

张德荣率领一群下岗工人，利用旧厂房办起了康德敬老院。他原来是钟厂工程师，开办敬老院是隔行如隔山，样样要从头学起。第一个月只收了 4 位老人，但员工们常常手忙脚乱。进退两难之时，张德荣三次前往北京参加"全国民办老人院院长培训班"，从而掌握了一整套护理老人的专业知识。

要办好敬老院，不仅要懂得生活护理的知识，还要学习心理学方面的知识。有两位百岁老人是姐弟俩，姐姐住在康德敬老院，弟弟住在某区福利院。弟弟来看望姐姐，只住了一天，张德荣与他聊了一个小时，老人就不肯走了。老张说，中国已进入老龄化社会，老年事业中还有很多东西要学，如人性化管理等。

### 职业指导

创业不是蛮干，需要知识。创业者要学什么？向书本要知识，在实践中长见识，在竞争中汲取同行和他人的经验和教训。做一个入行懂行的创业者，必须养成良好的学习习惯和能力。无数白手起家、由弱变强的创业者的成功经验告诉我们，创业就是一所奇妙的社会大学，无论你是长在城市还是来自农村，是高文化还是低学历，只要你能养成勤奋努力的学习习惯，照样能够创业成功。

## 作 业 题

1. 注册公司的步骤有哪些？
2. 创业精神及能力如何理解？
3. 成功创业的基本因素有哪些？

# 附录

# 求职就业问答

一、个人简历有一定的格式吗？

答：没有。简历从形式上来区分，可分为以下 7 种：完全表格式简历、半文章式简历、小册子式简历、提要式（节略式）简历、按年月顺序式简历、功能式简历及创造式简历。当然，这些形式互相之间可交叉重叠。完全表格式简历可以是按年月顺序式的或是功能式的，功能式简历也可有按年月顺序式的特征。一般我们采用完全表格式就可以了。

二、个人简历主要包含哪些内容？

答：（1）基本情况（姓名、性别、年龄、民族、学历、政治面貌、身体状况、兴趣爱好、住址、通信方式、照片等）。

（2）家庭及主要社会关系。

（3）教育背景（可列出主要课程的成绩表）。

（4）社会活动和社会实践经历。

（5）技能、特长及各种成就

三、要成为成功的职业者，必须具备的条件是什么？

答：信心、目标、行动。

四、女生在求职中会受到歧视吗？

答：女同学在就业求职中，从总体上来说，不存在受歧视的问题，但在某些行业、岗位上存在这种现象，如在重工业领域一定程度上存在这种现象。但在服务行业领域，女同学就业反而具有一定的优势。

五、现在很多学生求职就业都在等待参加学校组织的招聘会，这种做法正常吗？

答：学校有义务在同学们毕业求职就业过程中提供就业指导和组织、审查用人单位的情况，组织毕业生参加招聘会。但同学们在求职就业的过程中，应该采取积极主动的姿态，多方联系，如动员亲朋好友帮助联系，参加有关人才市场招聘，关注有关媒体的招聘信息等，一味等待参加学校组织的招聘会实现求职就业的做法是不可取的。

六、除了参加学校组织的招聘会求职，还有其他的途径吗？

答：除了前面已经讲到的有关求职就业的途径以外，特别提醒大家可以关注北京市人力资源和社会保障部组织的有关人才交流活动，如设在西城区虎坊桥地区的北京市人力资源和社会保障部人才交流中心。

七、外地学生可以在北京地区就业吗？

答：可以。只要用人单位招聘条件中没有地区限制就可以。

八、北京市的最低工资标准是多少？

答：北京市 2011 年最低工资标准为 1 160 元，2012 年为 1 260 元，2013 年为 1 400 元。随着社会的发展，每年由国家人力资源和社会保障部进行调整。

九、学生如何能够有效避免招聘陷阱？

答：（1）尽量直接和用人单位联系，减少对中介机构的依赖。

（2）不要轻信报刊或网络，尤其是不知名的媒体上刊登的招聘广告，面试之前最好能通过各种渠道了解公司的资质和规模。

（3）面试时，不要随身携带印章、大量现金及信用卡，不交纳任何费用，不购买公司以任何名义要求购买的有形、无形产品。

（4）不随意做任何允诺或签署任何不明文件。

（5）不将证件及信用卡交给用人单位保管。不要心存"撒大网捞小鱼"的心理，要有选择地投递简历，对自身资料要加强保密。

（6）如果通过中介机构求职，在支付中介费之前，一定要坚持中介机构先开具正规发票，然后付费。

（7）面试时主考官说话轻浮、目光闪烁不定，并要求变更面试地点或时间，只要使你产生不安全感，即可基本断定这是一家不可靠的单位。

（8）面试时不食用用人单位提供的饮食，并详记该用人单位主考官、接待人员的基本资料及特征。

（9）在与招聘单位接触的过程中，留心你所观察到的各种细节，分析该单位是否正规、正常经营，面试时是否草率，待遇是否丰厚得不合常情，公司业务、工作内容是否明确。

（10）面试前打电话告知学校、亲友所要前往的面试地点。

十、在北京考取的技能证书在外省市有效吗？

答：有效。

十一、我们的专业培养目标是什么？

答：各个专业的培养目标各不相同，同学们可以咨询本专业的相关教师。这里以机电专业（中级工）为例详细说明专业培养目标：培养德、智、体全面发展，有良好的职业道德，能够适应社会主义市场经济发展需要，具备机电操作技能的复合型人才。

其具体要求是：

1. 政治思想方面

提高学生热爱中国共产党、热爱社会主义、热爱祖国的政治思想觉悟，树立共产主义的世界观与人生观。具有良好的职业道德及法制观念，成为有理想、有道德、有文化、守纪律的劳动者。

2. 文化知识方面

掌握本专业培养目标中必需的文化基础知识和基本技能，并进一步提高文化水平，以适应发展的需要。

3. 技术理论方面

（1）掌握初级电工、中级钳工取证所需的相关及专业理论知识。上述两个工种在教学实施过程中应本着理论与实训同步进行的原则。

（2）掌握上述两个工种工作内容所涉及的相关理论知识，在教学中要结合机修钳工实际工作要求，补充体现用人市场所需的理论与技能的内容，尽量缩短理论与实践的距离，缩短学生能力与市场需求的距离。

（3）在上述专业课程理论学习过程中，要根据本专业的需求补充所需的基础课的相关内容。

（4）指导学生提高语言表达能力、写作能力、协作交往能力，掌握就业的方法与途径，保持良好的抗挫折心理。

4．操作技能方面

（1）理论和实际操作水平达到机修钳工（中级）、电工（初级）国家职业标准的要求。

（2）机修钳工达到国家职业标准规定的中级技能要求，并考取机修钳工中级工等级证书。电工达到国家职业标准规定的初级技能要求，并考取维修电工初级工等级证书。

（3）培养学生具有一定的操作技能，常用机电设备的安装、调试及维修能力，以及安全、文明生产的习惯和一丝不苟的工作作风。

（4）会使用计算机办公软件。

5．身体方面

具有健康的体魄，使学生了解体育运动的基本知识，掌握一定技能技巧，促进学生体质的正常发展。

十二、面试时仪容仪表要注意什么？

答：整体上不作严格的规定，只要做到仪表端庄、衣着整洁、举止文明就可，一般身穿校服就可以了。特别提醒大家，男同学不留长发，女同学注意不要化浓妆、戴首饰，保持一个良好的充满朝气的学生形象就可。

十三、招聘单位提供的待遇包括哪些内容？

答：工资、奖金、补贴、津贴、"五险"、住宿费等。

十四、劳动合同一般由用人单位统一打印下发，我们可以修改吗？

答：拿到合同以后一定要认真阅读，遇有疑问要咨询相关人员，有自己不认可的条款要提出自己的修改意见，如果双方达不成一致意见可以不签订合同。

十五、现在的就业方针是什么？

答：实行"政府促进就业，市场调节就业，个人自主就业"三结合的就业方针。

十六、工作中和单位发生纠纷时找谁解决？

答：劳动争议处理可以通过协商、调解、仲裁和诉讼等途径解决，具体可以拨打北京市非紧急救援电话12345进行咨询。

十七、签订劳动合同时要注意什么问题？

答：首先，我们要看劳动合同是否包含以下七条必备条款：劳动合同期限、工作内容、劳动保护和劳动条件、劳动报酬、劳动纪律、劳动合同终止条件、违反劳动合同的责任。同时，对合同内容要达到一致，有不同意见，双方要协商。

十八、上班的工作时间是多少？国家有规定吗？

答：劳动法规定劳动者的工作时间为每周5天、每天8小时，每周不超过40小时。如有特殊情况，协商后可以延长时间，一般每天不得超过1小时，最长不得超过3小时，且每月不得超过36小时。每周至少休息一天。

十九、用人单位给劳动者上保险主要包括哪些险种？

答：我国依法强制实行的保险主要有养老保险、失业保险、医疗保险、工伤保险、生育保险。

单位和个人承担比例一般是：养老保险，单位承担20%，个人承担8%；医疗保险，单位承担6%，个人承担2%；失业保险，单位承担2%，个人承担1%；生育保险，1%由单位承担，职工个人不承担；工伤保险，0.8%由单位承担，职工个人不承担。